원만이의 편지 _ 4

자나 깨나 쉬임 없이

자나 깨나
쉬임 없이

원만이의
편지 _ 4

박덕희 지음

여는 글

돌아보니 '원만이의 편지'를 처음 쓴 것은 2013년 8월 20일입니다. 당시 근무지였던 원남교당 교도님들과 주위 인연에 카톡으로 가벼운 안부를 전하고 싶은 마음으로 시작했습니다. 처음엔 매우 짧고 소박했던 글이 점점 분량도 늘어났고 다양한 내용이 담아졌습니다. 그렇게 무려 10년 동안 '원만이의 편지'라는 이름으로 전달되었습니다.

원남교당 4년 근무를 마무리하면서 그동안의 편지를 모아 『마음 클리너』(2017, 동남풍)라는 제목으로 출간했습니다. 이후로도 편지는 계속되었고, 이문교당 근무가 마무리되는 2022년 11월 11일에 마지막 편지를 보냈습니다. 헤아려보니 총 500여 통의 글이 쌓였습니다. 특히 이문교당에서 보낸 교화 6년은 '교당신축불사'를 위한 천일기도로 꽉 채워진 행복하고 감사한 날들이었습니다.

저에게 '원만이의 편지'는 교화 일기이고 수행 일기입니다. 매주 1통의 편지를 쓴다는 것이 쉽지 않은 일이었지만, 깨달음과 실행을 위한 몸부림이었고, 한편으로는 기쁨과 보람의 긴 여정이었습니다.

그냥 묵혀 두기엔 왠지 아깝고 아쉬움이 남을 것 같아 책으로 묶어 보기로 용기를 냈습니다. 최소한 '원만이의 편지'와 함께 했던 나의 좋은 인연들에게 작은 선물이라도 되고 싶었습니다.

　이번 책은 세 가지 제목으로 꾸며 보았습니다. 첫 번째는 『해가 뜨니 달이 지네』, 두 번째는 『그래도 꽃은 피어나고』, 세 번째는 『자나 깨나 쉬임 없이』입니다. 책 제목은 편지글 제목 중에서 그냥 마음 닿는 대로 선정한 것입니다. 정해놓고 보니 나름 운치도, 깨달음의 향기도 묻어나는 것 같습니다. 마지막 '자나 깨나 쉬임 없이' 제목은 저의 공부 표준이면서 염원이 담겨 있습니다.

　평화교당 3층 생활관에서 바라본 새벽하늘은 청명하기에 그지없습니다. 새소리, 바람 소리, 동쪽 하늘에 물드는 여명까지. 평화한 마음으로 평화 세상을 위해 기도 올립니다.
　오늘도 내 마음에 평화가 깃들기를, 온 세상에 은혜의 꽃이 활짝 피어나기를….

　지금까지 깊은 애정으로 '원만이의 편지'를 읽어주시고 답글을 주신 분들에게 깊이 감사드립니다. 마지막으로 사랑하는 가족, 그리고 원남교당, 이문교당, 평화교당 교도님들께 감사의 마음을 전합니다.

전산 박덕희 교무 합장

차례

004　여는 글

하나, 늘 깨어 있으라

011　신축년辛丑年 새해 인사
013　새 마음 새 생활 새 사람
015　좋은 생각, 좋은 하루
018　깊을수록 단단하다
020　시련이 없는 것에는
　　　알맹이가 들지 않는다
023　이사 준비를 하면서
025　설 명절 인사
027　현관문 열쇠 교체 사건
030　경종 소리 명상
032　싱어게인 - 비긴어게인
035　내 인생의 내비게이션
037　이름 석 자를 걸고
039　마음의 유통기한
041　깨끗하니까 잘 보인다
043　네가 아프니 내가 아프다
046　네가 있어 나 또한 기쁘다
048　늘 깨어 있으라
050　참외 연등 불사
052　견리사의見利思義
054　자등명自燈明 법등명法燈明

둘, 여인초를 키우며

- 059 숨터
- 061 빛과 어둠
- 064 내 그리운 창경궁
- 067 백신과 바이러스로부터의 자유
- 070 여인초를 키우며
- 073 여닫음의 미학
- 076 빈틈의 두 모습
- 078 남성 사중창
- 081 나의 알고리즘[algorism]
- 084 입을 크게 벌리세요
- 087 삼복三伏 더위
- 089 자가격리
- 092 신토불이身土不二
- 094 이름값 해라
- 097 무아지경無我之境
- 099 청정한 마음, 상생의 마음, 공변된 마음
- 102 버스는 떠나고
- 105 국화꽃 당신
- 107 스트레스[stress]를 받으면
- 110 깨달음은 행복
- 113 끝까지 구하라

셋, 가을에 물들다

- 117 이문교당 신축기공식
- 119 국수 한 그릇의 행복
- 122 가을에 물들다
- 124 ○○에 미치다
- 126 보림공부保任工夫
- 129 천일기도의 염원念願을 이어
- 132 터파기 공사
- 134 쓰레기 분리수거
- 136 여유餘裕
- 138 과일 행상 할아버지의 독서
- 140 치과 치료 감상
- 143 참회의 기도
- 145 석별의 정情
- 148 인간관계 7-2-1 법칙
- 151 스스로, 서로, 다 함께 훈련
- 153 마음에는 평화 얼굴에는 미소
- 155 자나 깨나 쉬임 없이
- 157 아들들을 위한 기도를 마치며
- 160 입춘立春・우수雨水・경칩驚蟄
- 162 붕어빵에는 붕어가 없다

넷, 그래서 좋다

167 먼저 덤비는 이가 패한다
170 봄, 봄, 봄. 봄이 왔네요
172 극하면 변한다
174 일원상一圓相 주문呪文
177 상량上樑 올리는 날
180 각성覺醒의 계절
183 말하는 대로, 원願하는 대로
186 끊지 말고 푸세요
189 마더 테레사 효과
192 5월은 푸르구나
194 공감과 위로
197 이건희 컬렉션과 문화의 힘
200 This is me! 이게 나야!
203 한 사람의 힘
206 역사의 죄인이 되지 않는다
209 베일을 벗다
212 흔들리며 피는 꽃
215 그래서 좋다
218 내 인생의 혹
221 간판과 일원상 브랜드

다섯, 꽃집에는 꽃향기가 난다

227 하고 싶은 일, 하기 싫은 일
230 카페 이름 공모
233 사유思惟의 방
235 교당 이사와 정리
238 멈추고 감사하면 행복
240 찬 바람이 불면
243 놀고 있는 가을 햇볕
246 꽃집에는 꽃향기가 난다
249 모르는 사람 돕기
252 이 바쁜 와중에도
255 전문가의 식견識見
257 호념지촉대護念之燭臺
260 천일기도를 마치며
263 교당 신축봉불식
266 봉불식 풍경 이모저모
269 슬픔, 그리고 위로의 기도
270 마지막 편지를 부치며

하나,
늘 깨어 있으라

신축년辛丑年 새해 인사

반갑습니다. 신축년 새해가 밝았습니다. 힘들고 어려웠던 지난해는 깨끗이 잊고 기쁨과 희망과 감사와 은혜로 새해를 맞이합니다.

올해는 육십갑자 중 38번째에 해당하는 신축년입니다. 흰색에 해당하는 천간 '신'과 소에 해당하는 지지 '축'이 만나 흰 소띠의 해를 의미하는데요. 전통적으로 흰 소는 신성한 기운을 가지고 있다고 합니다.

마음 소를 길들이는 과정을 노래한 〈목우십도송〉을 보면 흰 소, 백우白牛가 나옵니다. 처음엔 까만 검정소가 마음공부를 함에 따라 점점 하얀 흰 소로 바뀌어 가는데요. 우리 마음 소도 검은색이 싹 빠지고 하얀 흰 소가 되면 좋겠습니다.

소는 우리 농사에 없어서는 안 될 꼭 필요한 동물이죠. 우리 인간과 가장 친근한 동물이기도 하고요. 소는 그 생김새처럼 우직하면서 근면 성실함을 나타냅니다. 예로부터 소는 살림 밑천으로 부富를 상징하기도 했습니다.

올해 신축년은 이문교당에서는 특별한 의미가 있는데요. 한문은 좀 다르지만, 우리 이문교당에서는 교당의 신축을 앞두고 있으므로 신축년이 교당 신축을 완성하는 한 해가 되길 소망합니다. 당연히 근면 성실한 소처럼 교당을 짓는데 우리 교도님들 모두가 일심합력으로 신축 불사의 꿈을 꼭 이루었으면 하는 소망을 가져 봅니다.

원기106년 전산 종법사님께서는 신년 법문으로 '집집마다 부처가 사는 세상'을 말씀하셨습니다. 남의 집이 아니라 우리 집에 부처님이 살고 있습니다. 우리 집뿐만 아니라 곳곳에 부처님處處佛像이 계시죠.

올 한 해는 가까이 계시는 부처님을 모시고 날마다 극락 생활하는 행복한 한 해가 되면 좋겠습니다. 내 안의 부처님도 당연히 모셔야지요. 안으로, 밖으로 부처님을 모시다 보면 어느 순간 내 마음이 하얘지고 둥그런 일원상이 환하게 나타날 것입니다.

올해도 원만이의 편지 가족들의 건강과 행복을 기원합니다.

새해 복 많이 짓고 받으세요.

○ 원기106년 1월 1일

새 마음 새 생활 새 사람

동장군, 한파, 이런 단어들이 어울리는 날씨입니다. 손 장갑, 귀마개를 했는데도 덜덜 떨립니다. 너무 춥다 보니 따뜻한 것을 찾게 됩니다. 따뜻한 차 한 잔, 온기 가득한 방안이 그립습니다. 그래도 추운 곳에서 일하시는 분들을 생각하면 미안한 마음입니다. 날씨는 추워도 마음만은 춥지 않아야 할 텐데요.

새해를 시작한 지 한 주가 지났습니다. 새해가 되면 새로운 계획으로 새 마음 새 생활을 다짐합니다. 여러 계획을 많이 세우는 것보다 꼭 해야 하는 것, 실천할 수 있는 계획이 중요하겠지요.

정산 송규 종사께서는 신년식을 맞아 다음과 같은 법문을 해주셨습니다.

"새해의 새로움은 날에 있는 것이 아니요, 우리의 마음에 있는 것이며 따라서 새로운 마음으로 공부와 사업에 더욱 정진하는 것이 새해를 맞는 참뜻이라, 그러므로, 새 마음을 챙기면 늘 새 날이요 새해며, 이 마음을 챙기지 못하면 비록 새해가 와도 참다운 새해를 맞이하지 못하느니라."

연초에만 새 마음이 아니라 매일 아침 새 마음을 갖는 것이 복된 삶의 시작이겠지요. 시간이 지날수록 새 마음은 묵은 마음이 되는데요. 매일 매일 새로움을 떠나지 않는 마음이 참 마음입니다. 다시 챙기면 새 마음이고 새 생활의 시작입니다.

사람이 좋은 쪽으로 변한 것을 '새 사람'이 되었다고 하는데요. 새 마음으로 새 생활을 개척하여 묵은 습관을 고쳐 좋은 습관을 길들여가면 그 사람이 새 사람입니다. 새로운 다짐과 새로운 기운으로 가득 찬 새 마음 새 생활 새사람이 되는 우리가 되면 좋겠습니다.

○ 원기106년 1월 8일

좋은 생각, 좋은 하루

지인 중 월간 잡지 《좋은 생각》을 구독하는 분이 있습니다. 남편 분께서 해마다 정기구독권을 끊어 선물한 것이 무려 20년이 되었답니다. 매달 새 책을 받아보는 기쁨과 매일 한편의 아름다운 이야기들을 읽는 기쁨은 이루 말할 수 없다고 하시는데요.

매일 좋은 생각을 하고 그 좋은 생각들이 쌓이고 쌓여 좋은 사람이 되어 가고 있다고 생각해 봅니다.

잡지 《좋은 생각》에서는 영어식 표현을 "포지티브 씽킹[positive thinking]"으로 쓰던데요. 좋은 상황이어서 좋은 생각이 될 수도 있지만, 긍정적인 생각이 좋은 생각을 만들 수 있다는 점에서 의미 있는 표현이라고 생각해 봅니다.

'좋은'이라는 단어, 참 멋지고 매력 있고 귀한 단어입니다.
'좋은'이라는 단어를 붙이면 모든 것이 다 좋게 됩니다.

좋은 생각
좋은 마음
좋은 사람
좋은 아침

불러만 봐도, 생각만 해도 기분이 좋아집니다.
원래 좋아서 좋을 수도 있지만 좋게 생각하면 좋게 되는 마법을 부리게 됩니다.

그런데요. 우리 중생의 마음은 좋은 것과 싫은 것을 분별하는 마음이 있습니다. 좋고 싫고, 예쁘고 밉고, 사랑하고 미워하고….

진짜 좋은 것은 어떤 것일까요?
좋고 싫고에 끌리거나 착著하지 않은 것이겠죠.

소태산 대종사님께서는 선과 악을 초월한 자리를 지선至善이라 하셨고, 고와 낙을 초월한 자리를 극락極樂이라 하셨죠. 좋고 싫고를 초월한 허공같이 텅 빈 마음이 참 마음이고, 참으로 좋은 마음이 아닐까요?

좋은 마음은 좋은 생각을 낳고
좋은 생각은 좋은 행동을 낳고
좋은 행동은 좋은 사람을 낳고
좋은 사람은 좋은 세상을 만들 것입니다.

어느 교도님이 전화 통화 중 마지막 인사를 건넵니다.

"교무님! 오늘도 좋은 하루 보내세요."

네, 기분이 좋아집니다. 좋은 하루가 될 것 같습니다.
저도 인사를 건넵니다.

"Have a good day!"

○ 원기106년 1월 15일

깊을수록 단단하다

얼마 전 교당 신축할 터 지질조사를 했습니다. 지하 1층 지상 4층 규모의 건물을 짓기 위해서는 그에 합당한 기초와 구조설계를 해야 하는데 그래서 땅속의 상태는 매우 중요한 요소입니다.

집을 짓는데 가장 좋은 땅은 단단한 땅인데요. 다행히 지하 3m 부터는 '풍암토'라는 단단한 땅이 나왔습니다. 혹시 암반이 나오지 않을까 걱정했거든요. 암반이 나오면 공사도 힘들고 비용도 많이 든다고 합니다.

제가 직접 시추 과정을 옆에서 지켜보았는데요. 땅의 깊이에 따라 토질의 내용이 달라짐을 볼 수 있었습니다. 비전문가의 식견이지만 땅도 깊을수록 단단하다는 감상을 얻을 수 있었습니다.

땅만 그러겠습니까. 우정도, 사랑도, 신앙도 깊을수록 단단합니다. 단단하여서 흔들리지 않겠죠. 단단한 땅 위에 크고 높은 집을 지을 수 있듯이 우리네 인생사의 모든 것들도 깊고 단단할수록 좋습니다.

고난도 우리를 깊고 단단하게 해줍니다. 힘들고 어려운 상황이 나를 더 다져주는 거죠. 고난의 상황이 깊을수록 더 단단하고,

꽃은 더 진하게 피어나고, 향기도 더욱 짙습니다.

그런데요. 깊고 단단한 것이 다 좋은 것은 아닙니다. 아집, 편견, 악습 등은 깊은 만큼 단단한 만큼 깨부수기가 어렵습니다. 사람이 변하기 어려운 가장 큰 이유는 그만큼 깊고 단단하게 굳어져 있기 때문입니다. 그래서 습관과 업력을 벗어나기 위해서는 자신을 깨부수는 몸부림을 심하게 쳐야 합니다.

땅속은 보이지 않습니다. 그래서 겉 땅만 보고 판단해서는 안 되죠. 다른 곳에서 좋은 흙을 잠시 덮어놓을 수 있기 때문입니다. 겉만 번지르르하게 꾸미지 말고 자신의 속 땅도 단단하게 가꾸면 좋겠습니다. 어떤 경계에도 흔들리지 않고 멋진 집을 지을 수 있도록 말이죠.

○ 원기106년 1월 22일

시련이 없는 것에는 알맹이가 들지 않는다

신이 인간과 함께 살던 시절의 이야기입니다. 호두 과수원 주인이 신을 찾아와 간청했습니다.
"저한테 한 번만 1년 날씨를 맡겨 주셨으면 합니다."
"왜 그러느냐?"
"이유는 묻지 마시고 딱 1년만 천지 일기 조화가 저를 따르도록 해 주십시오."
하도 간곡히 조르는지라, 신은 호두 과수원 주인에게 1년 날씨를 내주고 말았습니다.

그래서 1년 동안 날씨는 호두 과수원 주인 마음대로 되었습니다. 햇볕을 원하면 햇볕이 쨍쨍했고, 비를 원하면 비가 내렸습니다. 바람도 없었습니다. 천둥도 없었습니다. 모든 게 순조롭게 되어 갔습니다.

이윽고 가을이 왔습니다. 호두는 대풍년이었습니다. 호두 과수원 주인은 산더미처럼 쌓인 호두 중에서 하나를 집어 깨뜨려 보았습니다.
그런데 이게 웬일입니까? 알맹이가 없이 텅 비어 있습니다. 다른 호두도 깨뜨려 보았습니다. 비어 있기는 마찬가지였습니다.

호두 과수원 주인은 신을 찾아가 이게 어찌 된 일이냐고 항의하였습니다. 그러자 신은 빙그레 웃으면서 이렇게 대답하는 것이었습니다.
"이봐, 시련이 없는 것에는 그렇게 알맹이가 들지 않는 법이라네. 알맹이란, 폭풍 같은 방해도 있고 가뭄 같은 갈등도 있어야 껍데기 속의 영혼이 깨어나 여문다네."

시련을 통해 배우는 인생의 값진 교훈의 이야기입니다.

우리네 인생살이의 날씨도 좋은 날도 있지만, 궂은날도 많습니다. 아픔과 시련이 찾아올 때 좌절, 원망, 포기하고 싶은 마음이 나오죠. 열심히 최선을 다한 사람에게 닥쳐오는 시련의 무게는 참으로 견디기 힘든 고통과 아픔입니다.

계속되는 실패와 탈락의 아픔은 자칫 사람을 지치게 만듭니다.
'해도 소용없는 건가.'
'왜 나에게만 이런 시련을 주는 걸까.'
자조와 원망심이 나오기도 합니다.

최근, 가슴에 불덩이가 올라오는 아픔을 겪은 어느 교도님이 그러시더군요. 저녁기도의 노래를 부르는데 '은혜로운'이라는 가사에 입이 떼어지지 않더랍니다. 그 심정은 이해가 가지만 그래도 우리는 끝까지 믿고 마지막까지 최선을 다해보자고 했죠. 지금 당장만 보지 말고 크게 멀리 보자고 말이죠.

내가 원하는 대로
내 뜻대로 다 될 수도 없는 것입니다.
분명히 법신불 사은님의 뜻이 있을 것입니다.
시련이 없는 것에는 알맹이가 들지 않는다고 했으니까요.

그래도 그 시련의 길이가 조금 짧으면 좋겠는데,
이것도 욕심일까요?

                                                        ○ 원기106년 1월 29일

이사 준비를 하면서

근 10년 만에 이사하게 되었습니다. 준비할 것도 많고 정리할 것도 많습니다. 어제는 날 잡아서 집에서 버릴 것을 정리했는데요. 장난이 아니더군요. 어디서 그 많은 버릴 것들이 나오는지요.

결혼한 지 25년이 되다 보니 이번 참에 살림살이도 다 바꾸게 되었습니다. 가전제품, 옷장 등 새집에 맞춰 바꾸려다 보니 이도 또한 만만치가 않습니다. 기본적으로 도배, 장판도 해야 하고요.

짐 정리의 원칙은 이렇게 정했습니다. 안 쓰는 물건은 아까워하지 말고 과감히 버리자.
책도, 그릇도, 물품도….

남는 것과 버려지는 것들!
새로 만나는 것과 떠나는 것들!
기억하는 것과 잊히는 것들!

모두 다 인연의 소치입니다.

짐 정리를 하면서 얻은 소득은 지난 시간과 옛것을 추억한다는 것입니다. 물건 하나에 다 사연이 있고 고마움이 있거든요. 한편으로는 제대로 써주지 못한 아쉬움도 남고 미안함도 있습니다.

10년 만에 오래된 앨범을 펼쳐보면서 저의 10대, 20대, 30대의 모습을 돌려볼 수 있었습니다.
작은아들이 그러더군요.
"아빠, 이때는 날씬했네요."
"그래. 아빠도 네 나이 땐 키 175㎝, 몸무게 68㎏의 스탠더드였다."
자랑스럽게 저의 옛 모습을 자랑하기도 했습니다.

한편, 이사 준비를 하면서 생生의 이사를 생각해 보았습니다. 삶과 죽음, 그리고 또 다른 태어남. 우리의 인생도 이사하는 것 같아요. 무엇을 가져가고 무엇을 버릴 것인가? 새로 장만해야 할 것은 무엇인가?

버리니까 가볍고 넓어진 느낌입니다.
정리하니까 제자리 제 모습입니다.

앞으로는 그때그때 버리고 정리해야 할 것 같습니다.
무겁고 어지럽게 쌓이지 않도록 말이죠.
물건도, 마음도요.

○ 원기106년 2월 5일

설 명절 인사

오늘은 설날입니다. 코로나19로 인해 예년처럼 가족들이 함께 하지 못하는 아쉬움이 큽니다.

서로 조심해야 하는 상황이라 부모님을 찾아뵙는 것도, 자식들이 고향에 오는 것도 염려가 됩니다. 그래서 전화로 새해 인사를 나눕니다. 다음 명절에는 자유롭게 오가고, 따듯한 정情을 나누면 좋겠습니다.

오늘 저는 소태산 대종사님께서 새해를 맞이하여 난세를 살아갈 비결로써 선현先賢의 시 한 편을 인용한 덕담을 소개할까 합니다.

"처세에는 유한 것이 제일 귀하고[處世柔爲貴]
강강함은 재앙의 근본이니라[剛强是禍基]
말하기는 어눌한 듯 조심히 하고[發言常欲訥]
일 당하면 바보인 듯 삼가 행하라[臨事當如痴]
급할수록 그 마음을 더욱 늦추고[急地尙思緩]
편안할 때 위태할 것 잊지 말아라[安時不忘危]
일생을 이 글대로 살아간다면[一生從此計]
그 사람이 참으로 대장부니라[眞個好男兒]."

이 시에 더하여 대종사님께서는 "이대로 행하는 이는 늘 안락하리라[右知而行之者常安樂]"라고 말씀하셨습니다.

요즘 세상은 말 그대로 어지러운 세상입니다. 이런 어지러운 세상에 필요한 것은 무엇일까요?

"부드러움, 어눌한 듯 조심히, 바보인 듯 삼가, 마음을 더욱 늦추고."

마음과 말과 행동이 이렇게 되어야 한다는 건데요. 어쩌면 좀 소극적으로 느껴질 수도 있지요. 그래도 이 어려울 때는 안락, 편안하고 즐거운 것이 제일입니다.

신축년 새해를 맞이하여 소처럼 뚜벅뚜벅 우직하게 걸어가면 좋겠습니다. 다소 느리더라도 한눈팔지 않고 곧바로 가면 좋겠습니다. 마음 밭 가는 데 부지런하여 지혜와 복이 충만하면 좋겠습니다.

새해 가족과 함께 행복하시고 새해 복 많이 받으시길 기원합니다. 감사합니다.

○ 원기106년 2월 12일

현관문 열쇠 교체 사건

현관문 번호 키 비밀번호를 변경하기 위해 설명서에 따라 진행하였습니다. 새 번호 등록을 마치고 잘 작동하는지 테스트를 해 보았습니다. 자세히 살펴서 했기 때문에 아무런 문제가 없으리라 생각하고 문을 닫고 새 비밀번호를 눌렀습니다.

그런데, 이게 어찌 된 일인지 문이 열리지 않는 겁니다. 몇 번을 이런저런 방법을 다 해봐도 소용없습니다. 나중에 도착한 가족 중 다른 사람이 해봐도 끝내 문이 열리지 않습니다.

'이걸 어쩌지.' 우선 열쇠 수리 집으로 전화했습니다. 상황을 말하니, 잘못하면 뜯어내야 하고 교체 비용은 25만 원 정도가 든다고 합니다.

결국 할 수 없이 교체해야 했습니다. 순간적인 판단 잘못으로 생돈 25만 원이 날아갔다고 생각하니 속이 쓰려왔습니다. '다른 사람이 있을 때 했으면 이런 일이 없었을 텐데…'라는 후회가 들긴 했으나 소용없는 일입니다. 1시간여 정도의 헤맨 시간과 25만 원을 안 써도 될 비용과 속 타고, 애썼던 마음고생이라는 비싼 수업료를 내야 했습니다.

그런데요. 이런 황당한 상황을 겪어보니 엉뚱한 생각, 잘못된 행동을 하게 되더라고요. 집이 2층인데, 순간적으로 사다리를 놓고 창문을 통해 들어가서 문을 열 생각을 하게 되더군요. 25만 원 아끼려다 떨어져 다치면 어쩔 거냐는 가족의 만류로 제정신을 차렸습니다.

평상시는 바른 판단과 행동을 하게 되지만 당황스러운 상황을 맞닥뜨리자 나도 모르게 획 정신을 놓기가 십상입니다. 뭐에 홀린 듯 제 정신을 잃고 멍청한 생각을 하게 됩니다.

이 일을 지내고 난 뒤 천천히 생각해 보니 제가 25만 원이라는 생돈이 나간다는 것에 굉장히 억울해했던 것 같습니다. 거기에 마음을 빼앗기다 보니 2층을 사다리를 타고 넘어갈 무모한 생각도 하게 된 거지요. 25만 원이라는 돈이 그때는 큰 경계였습니다.

이렇게 우리는
돈에 끌리고
감정에 끌리고
인연에 끌리고
아상과 경험과 지식 등에 끌려 살아갑니다.
끌리면 정견正見과 정행正行을 할 수 없게 됩니다.

정신을 바짝 차리지 않으면 어느 순간 홀라당 경계에 무너지게 됩니다. 나 자신도 경계에 흔들리지 않을 정신의 자주력과 옆에서 바른 정신으로 나를 일깨워주는 인연의 소중함을 얻는 좋은 공부 기회였습니다.

주위에서 말하길 새집에 새 열쇠를 다는 것도 괜찮다고 합니다. 네, 저도 새집에 새 문패를 달았다고 생각하니 마음이 편해졌습니다.
마음을 돌리고 나니 새로워집니다.
오늘도 마음공부 하게 하시니 감사합니다.

○ 원기106년 2월 19일

경종 소리 명상

댕~~~~~
댕~~~~~~~
댕~~~~~~~~~~

참 좋습니다.
참 편안합니다.

산란함의 잡음
어리석음의 잡음
그름의 잡음들을 모두 빨아들입니다.

고요 속으로
맑고 깨끗한 청정 속으로 나를 이끕니다.
두렷한 정신을 일깨웁니다.

소리에 마음을 모으고
소리에 나를 잊습니다.
소리에 나를 놓고
없고 없는 한마음으로 들어갑니다.

그 울림의 파동이
이웃과 세상으로 퍼져나가
모두 무명의 잠에서 깨어나게 하옵소서.

그 울림의 파동이
지친 자들을 쉬게 하고
가진 자들을 내려놓게 하고
괴로운 자들을 낙원으로 인도하게 하옵소서.

○ 원기106년 2월 26일

싱어게인 - 비긴어게인

최근 JTBC에서 종영된 '싱어게인 - 다시 노래하다'를 열혈 시청자의 처지에서 봤습니다.
한동안 계속되었던 트로트 열풍 속에서 새로운 장르의 경연 프로그램이라는 점, 무명 가수가 다시 기회를 얻는 신선한 설정, 그리고 무엇보다도 경연 참여자들의 노래 실력이 저뿐만 아니라 많은 사람에게 감동을 준 것 같습니다.

29번, 30번, 60번….
이름이 아닌 번호로 시작했던 경연자들이 자신의 이름으로 노래를 부르고 각자의 사연이 전해질 때마다 좋아하는 가수를 응원하게 되었습니다.

저는 정통 헤비메탈 가수 정홍일을 응원했는데요. 제가 헤비메탈을 좋아해서가 아닙니다.
40대 중반의 나이에 싱어게인을 통해 다시 도전한다는 마음과 아내를 사랑하고, '선비메탈'로 불리는 그의 진중함과 젠틀함이 마음에 들었기 때문입니다.

그런데 무엇보다도 록 발라드와 헤비메탈을 오가는 부드러우면서도 파워풀한 그의 노래 실력이 저를 빠져들게 했습니다.

"싱어게인[sing again - 다시 노래하다]"
"비긴어게인[begin again - 다시 시작하다]"

새봄이 되었습니다.
다시 시작하는 봄입니다.
다시 생기를 불러일으키고
다시 새싹이 돋고 다시 꽃이 피어날 것입니다.

묵어있던 마음, 지쳐있던 마음, 포기했던 마음, 절망했던 마음
다시 새봄의 노래를, 새 희망의 노래를 부르면 좋겠습니다.
이제 다시 시작합니다.

싱어게인 경연 때 정홍일 가수가 부른 노래 〈마리아〉의 가사를
소개해 봅니다.

"자 지금 시작해 조금씩 뜨겁게
우~ 두려워하지 마
펼쳐진 눈앞에 저 태양이 길을 비춰
우~ 절대 멈추지 마

Maria Ave Maria
저 흰 구름 끝까지 날아
Maria Ave Maria
거친 파도 따윈 상관없이

기적은 이렇게 네 눈앞에 펼쳐있어
우~ 절대 멈추지 마"

또다시 시작하는 모든 이들을 응원합니다.
"싱어게인 - 비긴어게인!!!"
저 또한 새 마음으로 다시 시작합니다.

○ 원기106년 3월 5일

내 인생의 내비게이션

차를 운전할 때면 매번 내비게이션을 이용합니다. 익숙한 길이라도 혹시 모를 상황에 대비하기 위해서죠. 초행일 경우엔 거의 내비게이션이 하라는 대로 따릅니다. 친절하고 비교적 정확한 '내비 양'의 말을 무시할 수 없으니까요.

그런데 가끔 '내비 양'이 나를 혼란으로 빠뜨릴 때가 있습니다. 그냥 믿고 갈 뿐인데 새로운 길을 인식하지 못한다든지, 실시간 교통상황을 반영하지 못해 꽉 막힌 도로 속에 갇히기도 합니다. 그래도 예전의 경험이나 지도에 의존했던 시대와 비교해 보면 내비게이션 운전은 천지개벽 수준입니다.

누구나 인생의 목적지가 있습니다. 그 목적지를 향해 달려가죠. 대학, 직장, 결혼, 주택 마련 등 중요한 선택을 해야 할 때가 있습니다. 길을 가다 중간에 헤매기도 하고 다른 유혹에 빠지기도 합니다. 바른길, 최적의 길을 찾아주는 인생의 내비게이션이 꼭 필요한 이유입니다. 거리, 속도, 방향 등을 그때그때 알려주니 그대로 믿고 따르기만 하면 됩니다.

길 찾기를 해보면 빠른 길이 있고, 최적의 길이 있습니다. 저는 빠른 길보다는 최적의 길을 찾는데요. 조금은 늦더라도 안전하게 가는 것이 중요하다고 생각하기 때문입니다. 특히 장거리 운행일 경우는 더욱 그렇습니다.

우리 인생에서 최적의 길은 인과보응의 도道라고 생각하고 있습니다. 뿌린 대로 거두는 인과의 철칙이야말로 인생 최고의 내비게이션입니다.

가다가 길이 막히고 방향을 모를 때는 바른길을 안내해 주는 성인의 말씀이나 스승님의 가르침이 최고의 가르침이 됩니다. 경전에서 인생의 해답을 찾는 지혜로움이 필요합니다.

내비게이션에는 '내 집'이 기준점으로 표시되어 있습니다. 업무가 되었건, 여행이 되었건 운전의 마지막 종착지는 즐겁고 행복한 나의 집입니다. 내가 돌아갈 곳, 편히 쉴 곳은 가족입니다. 인생의 내비게이션의 출발점이자 도착점은 항상 집이고 가족이라는 사실을 잊지 않았으면 좋겠습니다.

다음 목적지는 어디인가요?
내비게이션을 켜세요.
목적지까지 안전하게 안내해 드립니다.

○ 원기106년 3월 12일

이름 석 자를 걸고

전에 살던 아파트 인근 지하상가에 그 동네에서 유명한 정육점이 있습니다. 사장님의 이름을 딴 '김○○ 미트델리'라는 상호를 가졌는데요. 지하매장임에도 불구하고 좋은 고기와 친절함으로 단골이 많았습니다. 저희도 자주 애용했고 이사하면서 아주 아쉬웠던 것 가운데 그 정육점을 다시는 이용할 수 없다는 점일 정도였습니다.

저의 정토가 이렇게 말하곤 했습니다.
"정육점에 자기 이름 걸기가 쉽지 않잖아요."
"그만큼 자신 있고 믿을만하다는 그것 아니에요."

네, 맞는 말입니다. 저 또한 깊게 공감합니다. 고기의 품질뿐만 아니라 그 사장님의 직업인으로서의 태도와 손님을 대하는 인간성 또한 존경할 만한 분으로 보였습니다.

사람들은 '내 이름 석 자를 건다'라는 표현을 하곤 합니다. 자기의 이름을 내세우는 것, 긍지와 자부심이 없으면 어려운 것이지요. 강한 자신감의 표현입니다.

이름은 단순히 호칭이 아니라 그 사람의 인격, 명예의 무게감이고 그 사람 전체를 나타내는 고유명사이고 대표 명사이기도 합니다.

사람의 이름뿐 아니라 회사명, 단체명, 더 나아가 국가명에 이르기까지 이름에는 모든 것이 담겨 있다고 해도 과언이 아닙니다.

이름에 먹칠하는 것, 이름을 더럽히는 것, 치욕적이고 불명예스러운 일이지요. 부모님께서 주신 소중한 이름에 대한 불효이기도 합니다.

당당하게 자신의 이름을 내세울 수 있어야 합니다. 이름에 긍지와 자부심을 품고 이름값을 할 수 있는 실력과 인격을 갖추기에 노력해야 합니다.

저 또한 '원불교 교무 박덕희'라는 이름에 누가 되지 않도록 최선을 다하겠습니다.

감사합니다.

○ 원기106년 3월 19일

마음의 유통기한

어느 교무님으로부터 '마음의 유통기한'이라는 멋지고 의미 있는 이야기를 들었습니다.
'그래. 맞아. 마음에도 유통기한이 있지.'

식료품을 사면 유통기한이 적혀 있습니다. 달걀, 우유, 과자, 케첩 등 제품의 생산 일자와 유통기한이 표시되어 있습니다. 상하기 쉬운 것은 기한이 짧고 오래 보관해도 될 것은 그 기한이 길죠. 물건의 부패를 막기 위해 방부제를 넣기도 합니다.

우리는 마음을 먹기도 하고 사용하기도 합니다. 그 기간이 짧은 마음도 있고 긴 마음도 있습니다. 항상 싱싱해야 할 마음이 때론 상하기도 하고 썩어 부패할 때도 있습니다. 유통기간이 지났는데도 버리지 못하고 차곡차곡 쌓아두는 일도 있습니다.

미움, 원망, 짜증, 화…. 빨리 버려야 할 마음이죠.
선함, 사랑, 감사, 공경…. 오랫동안 간직해야 할 마음들이죠.
그런데요. 좋은 마음도 오래 가지고 있으면 변합니다. 다 쓰고 난 뒤에는 흔적 없이 빈 마음으로 돌아가는 것이 중요합니다.

가끔 마음이 지칠 때가 있습니다. 그대로 놔두었다가는 곧 상할까 걱정이 되죠. 이럴 땐 마음의 방부제가 있으면 좋겠다고 생각해 봅니다. 내 능력으로 안 되면 외부로부터 도움을 받는 거죠. 힘과 용기를 주는 법문 한 구절, 사랑과 우정으로 전해주는 따뜻한 말, 마음을 편하게 해주는 아름다운 음악, 순수함을 간직한 채 환하게 핀 봄꽃의 향기.

그래도 최고 최상의 방부제는 항상 건강하고 싱싱한 나의 본래 마음을 찾는 것일 것 같아요. 맑은 샘물이 오염된 물을 끊임없이 정화하듯 오욕의 경계 속에서 물든 마음들을 깨끗하게 씻어내는 거죠.

맑고 깨끗한 우리의 본래 마음인 자성自性은 유통기한이 따로 없습니다. 언제 써도 아무리 써도 닳지 않고, 물들지 않고, 상하지 않습니다.

내 마음의 유통기한!

잘 살펴보시기를 바랍니다.
쓸 때 잘 쓰고 다 썼거나 기간이 지났으면 미련 없이 버리시기를 바랍니다. 그리고 유통기한 없는 청정자성을 항상 잊지 마시고요.

감사합니다.

○ 원기106년 3월 26일

깨끗하니까 잘 보인다

오늘은 미세먼지 없는 깨끗한 날씨입니다. 최근 며칠 동안 뿌연 미세먼지로 인해 시야도 흐리고 목도 따끔거리는 불편이 있었는데 쾌청한 하늘을 보니 마음도 기분도 밝아졌습니다.

하늘이 깨끗하니까, 모든 게 잘 보입니다. 저 멀리 도봉산도 훤히 보이고 먼지를 걷어낸 도심의 아파트들도 더욱 선명합니다. 집 앞에 피어있는 벚꽃도 한결 밝게 빛나 보입니다.

눈으로 보이는 것만이 아닙니다. 우리의 마음도 깨끗해진 날씨에 맑고 상쾌한 느낌입니다. 당연히 기분이 좋아지고 모든 것이 좋게 보입니다.

마음에도 미세먼지가 있습니다. 이것을 미세유주微細流注라고 하는데요. 마음에서 일어나는 작은 번뇌들입니다. 작고 가늘지만, 그것들이 마음 하늘을 뿌옇게 덮을 수 있습니다. 그래서 밝게 보지 못합니다.

비가 한번 오면 미세먼지는 금세 씻겨 사라집니다. 흙탕물이 가라앉아 깨끗해져야 물밑을 환히 볼 수 있습니다. 억지로 저으면 오히려 혼탁해지게 됩니다. 우리 마음도 탐진치의 경계를 당하여 가만히 놔두고 바라보면 혼란스러운 경계는 가라앉습니다.
맑고 깨끗한 본래 마음이 나타나게 됩니다.
미세먼지로 바라본 세상은 어둡지만, 청정해진 마음으로 바라본 세상은 온통 은혜와 감사뿐입니다.

깨끗해지니까
은혜와 감사가 더 잘 보입니다.

깨끗해지니까
부처님으로 보입니다.

○ 원기106년 4월 2일

네가 아프니 내가 아프다

한 교도님께서 다급하게 기도를 부탁하셨습니다.
남편분이 수술하게 되었는데, 혹시 조직검사 결과 암으로 판정이 나올지 걱정을 많이 하셨습니다. 저 또한 걱정되었지만, 가족의 걱정에 비할 바가 못 되겠지요.

수술 시간에 맞춰 나름의 정성을 다해 기도했습니다. 다행히 수술 결과가 좋게 나왔고 지금은 퇴원하셔서 통원 치료를 받고 계십니다.

지난주 법회에 교도님께서 교당에 오셔서 그때의 다급함과 걱정을 말씀해 주시는데 저는 좀 죄송한 마음이 들었습니다. 기도하긴 했지만, 가족들이 느끼는 간절하고 절박함까지는 이르지 못했기 때문이지요.

유마 거사는 "중생이 병들매 보살의 병이런가."를 말씀하셨는데요. 이를 쉽게 풀면 "네가 아프니 내가 아프다."입니다. 이를 '동체대비同體大悲'라고 하죠. 너와 나를 한 몸으로 알고 자비심이 나오는 것을 말합니다.

당신의 아픔, 세상의 아픔이 나의 아픔인가?

'나만 괜찮으면 됐지.'
다른 사람의 아픔엔 '나 몰라라', 나만 생각하는 것 같습니다. 외면하고, 방관하며 살아가는 것 같습니다. 측은한 마음이야 잠시 나지만 금세 잊는 것 같습니다.

전 세계 코로나 사망자가 세계 2차 대전 사망자보다 많고, 미얀마 군부의 유혈진압으로 600명이 넘는 민간인이 죽고, 이 지구상에서 10세 미만의 어린이가 4초마다 1명씩 기아로 사망하는데도 그것은 먼 나라 이야기이고, 나의 일이 아닙니다.

드라마 〈다모〉에서 종사관 황보윤[이서진 분]이 채옥[하지원 분]의 상처를 보고 "아프냐?"라고 묻죠. 채옥이 고개를 끄덕이자, 황보윤은 "나도 아프다."라고 합니다.

불보살의 동체대비는 아니더라도
"몹시 아프겠다."
"곧 나을 거야."
"힘내."
공감과 작은 위로의 말이 필요한 요즘입니다. 이것은 정작 저에게 절실한 마음입니다.

어느 분이 그러시더군요. 본인은 배가 아파서 밤새 힘들어하는데, 옆에 누워 있는 사람은 마음껏 코를 골고 자더라네요. 얼마나 미웠을까요?

"네가 아프니 내가 아프다."

아픔이 없는 사람은 없습니다. 그 아픔이 혼자만의 외로운 아픔이 아니라 너와 나, 함께하는 아픔이면 좋겠습니다. 최소한 그렇게라도 노력하는 우리이면 좋겠습니다.

○ 원기106년 4월 9일

네가 있어 나 또한 기쁘다

교당 아래층에는 미장원이 있습니다. 며칠 전 미장원에서 1층과 2층 계단 중간에 노란색 호접란 화분을 내놓았습니다. 꽃대가 9개나 되니 꽤 큰 화분입니다. 크기도 크거니와 노란색 빛깔이 화사하기 그지없습니다.

계단을 오르락내리락 할 때마다 제 시선이 그 꽃을 향합니다. 그러면서 인사를 나누죠.
"참, 예쁘구나. 나를 기분 좋게 해주어서 고마워."
분명 미장원에서 손님을 위해 내놓은 화분일 텐데요. 그 덕을 저와 우리 교당이 보고 있습니다.

곳곳에 철쭉꽃이 만발하였습니다. 아파트 화단, 도로가 화단, 외대 캠퍼스 화단, 청순한 연두색 신록과 함께 봄을 아름답게 수놓고 있습니다. 저를 위해 핀 꽃이 아니고 저를 위해 피어난 푸른 나뭇잎은 아니지만 마치 저만을 위해 피어난 꽃과 신록인 듯 기분이 좋습니다.

제 주변에 참 멋진 분이 있습니다. 그분을 보기만 해도 기분이 좋아집니다. 말 한마디, 한 행동이 닮고 싶은 분입니다. 나에게 기쁨을 주기 위함도 아니고 나에게 어떤 모범을 보이기 위함도 아닌데 그분이 그곳에 그냥 있는 것 자체만으로 저는 행복합니다.

저 또한 누군가에게 기쁨이 되고 싶습니다. 꼭 무언가를 주어서가 아니고, 꼭 어떤 가르침을 전달해서가 아니고, 있는 것 자체만으로 든든하고 위안이 되고 기쁨의 미소가 잔잔히 번져 나오면 좋겠습니다.

봄꽃이 되어 아름다운 세상을 꿈꾸면 좋겠습니다.

○ 원기106년 4월 16일

늘 깨어 있으라

사찰에 가면 처마 끝에 달린 작은 종이 있습니다. 이를 풍경風聲이라고 합니다. 종속에는 붕어 모양의 쇳조각을 달아 바람이 불 때마다 흔들리면서 맑은소리가 나는데요. 물고기는 깨어 있을 때나, 잠을 잘 때나 죽어서도 눈을 감지 않는다고 합니다.

목탁木鐸도 물고기의 모양을 하고 있습니다. 수행자도 물고기처럼 잠을 줄이고 언제나 부지런히 수행해야 함을 나타내고 있습니다. 염불이나 독경할 때 목탁을 울리게 되는데 수행자들의 번뇌와 잡념을 물리치고 맑은 정신을 유지하게 해줍니다.

우리는 '각성覺醒'을 통해 변화된 삶을 살게 됩니다. 각성은 '깨어 정신을 차림'의 뜻이 있는데요. 깨달음[覺]과 깨어 있음[醒]이 합성된 글자로 깨달음을 통해 깨어나기도 하고, 깨어 있으므로 큰 깨달음에 이르기도 합니다. 어지럽고 혼란한 세상에 각성의 목탁 소리가 크게 울려 퍼져야 할 것 같습니다.

'깨어 있으라.'

눈 크게 뜨고 깨어 있으면 볼 수 있지만 눈 감고 잠들면 아무것도 보이지 않습니다. 깨어 있다는 것은 맑고 깨끗한 정신의 상태입니다. 깨어 있을 때 제대로 보고 제대로 행동할 수 있습니다.

깨어 있는 정신!
깨어 있는 생각!
깨어 있는 행동!

오는 4월 28일은 원불교 '대각개교절大覺開敎節'입니다.
26세 청년 대종사의 오랜 구도 끝에 큰 깨달음과 은혜의 빛으로 원불교가 새 시대의 새 종교로 탄생한 날입니다.

이 뜻깊은 날을 맞이하여
"물질이 개벽 되니 정신을 개벽하자."라는 개교의 정신으로 늘 깨어 있는 우리 원불교인이 되기를 다짐해 봅니다.

깨달음의 빛 온 누리에
모두가 은혜입니다.

○ 원기106년 4월 23일

참외 연등 불사

성주교당에서 참외 한 상자가 집으로 배달되었습니다. 부처님 오신 날 관등에 개인적으로 동참했는데 교당에서 참외를 보내준 것입니다. 기쁜 마음으로 등을 달았는데 참외까지 받게 되니 한편 미안하기도 했지만 받는 기쁨은 무어라 말할 수 없을 정도입니다. 참외 맛도 성주 참외답게 기가 막힐 정도로 달콤했습니다.

몇 년 전에 후배 교무님이 성주교당에 부임했습니다. 본인 스스로 참외 교무로 명명하고 '참외 연등 불사'라는 멋진 아이템으로 연등을 권선하였지요. 동참인에게는 참외를 보내주는데 동참한 기쁨과 참외 받는 기쁨을 함께 누릴 수 있어서 좋은 것 같습니다.

참외 교무님이 연등 불사를 시작하게 된 것은 노후화된 법당을 리모델링하면서 얹게 된 1억 원이라는 빚을 갚기 위해서였다네요. 몇 년째 이 일을 하다 보니 이젠 빚도 다 갚고 지금은 '은혜 나눔 센터'를 통해 지역사회에 봉사하는 기금으로 쓰인다고 합니다. 처음 부임 때보다 출석 교도도 2배 이상 늘어 흥興하는 교당을 만들어가고 있다고 합니다.

작은 동참들이 모이고 모여 이렇게 큰 결실을 보고 있다고 하니 저에게도 큰 기쁨이었습니다. 특히 별고을 성주는 교단적으로도 정산 종사와 주산 종사, 두 여래를 낳은 성지이기도 하죠. 노란 금빛이 빛나는 참외만 봐도 왠지 부자가 된 듯하고, 기분이 좋아지는 게 사실입니다.

쓰다 보니 홍보성 편지글이 되었는데요. 좋은 것은 함께 나누고 싶은 마음에서 그리된 것입니다. 불사佛事는 기쁜 마음으로 해야 복이 되지요. 강요할 수도 없고, 억지로 동참하는 것도 서로 불편할 수 있습니다. 함께 나누고, 함께 힘을 합하면 어떤 어려운 일도 헤쳐 나갈 수 있고 이룩하지 못할 일이 없습니다.

기쁘고 보람 있는 일에
최소한 마음으로 기원해 주고
작은 정성이나마 동참하는 기쁨을 누리면 좋겠습니다.

○ 원기106년 4월 30일

견리사의 見利思義

지인으로부터 전해 들은 이야기입니다. 연로하신 어머니를 모시고 식당에서 식사하는데 꼬막 비빔밥에 작은 껍질을 깨물어 치아가 상하게 되었답니다. 결국 치과에 가서 발치 해야 했다는데요. 어머니께서는 책임을 식당에 물어야 한다고 하시고, 그분 생각엔 치아가 오래되어서 쉽게 깨진 것이니 그렇게까진 할 것이 아니라고 생각했답니다. 밥 두 그릇 팔고 백만 원이 넘는 치료비를 물어야 하는 식당 사장님의 입장이 헤아려졌다고 합니다.

앞으로의 상황이 염려되어 그분은 그 식당을 찾아갔고 자초지종을 이야기하면서 그 치료비용을 어머니가 요구하더라도 자신이 부담하겠다고 했답니다. 그런데, 그렇게 착한 마음씨를 쓰는 그분이 고마웠는지 식당 사장님은 반가이 웃으시면서 상해보험에 들어있으니 아무 걱정하지 말고 치료를 하라고 했답니다. 결국 큰 비용은 식당의 보험으로 처리하고 그 외 비용은 그분이 담당하기로 했다는 이야기를 들었습니다.

'견리사의 見利思義'

이 말씀은 공자님께서 『논어』에서 하신 말로 "눈앞에 이익을 보거든 먼저 그것을 취함이 의리에 합당한지"를 생각하라는 말씀입니다. 내가 받을 만한 일을 했는가를 생각해 보고, 이것이 장차 해가 되지 않을 것인가 살피라는 것입니다.

세상엔 공짜란 없다고 합니다. 눈앞의 이익이 빚이 되기도 하고 장차 해가 될 수도 있습니다. 조금이라도 이익되는 일이라면 의롭지 않은 일도 서슴지 않고 행하는 사람들이 있습니다. 결국 그것이 재앙이 된다는 것을 모르는 어리석음입니다.

정산 송규 종사께서는 "성인들은 현재의 작은 이익을 취하지 않고 오히려 해를 입어 가면서 영원무궁한 참 이익을 얻으시나, 범부들은 작은 이익을 구하다가 죄를 범하여 도리어 해를 얻나니, 참된 이익은 오직 정의에 입각하고 대의에 맞아야 얻어지느니라." 라고 말씀하셨습니다.

이익이 정당하다면 당연히 받아야 하지만 부정당한 이득이면 과감히 뿌리쳐야 합니다. 그런 유혹에 쉽게 끌리지 않을 수양력도 필요하고요. 또 중요한 것은 그런 이익이 왔을 때 다 받지 말고 남겨둘 수 있어야 하고, 나 혼자가 아니라 이익을 함께 나누는 지혜가 필요합니다. 나누면 나눌수록 그 공덕은 더욱 커지는 것이니까요.

○ 원기106년 5월 7일

자등명自燈明 법등명法燈明

제자 아난이 석가모니 부처님께 마지막 설법을 청합니다.

"너희들은 저마다 자기 자신을 등불로 삼고 자기를 의지하라. 또한 진리를 등불로 삼고 진리를 의지하라. 이밖에 다른 것에 의지해서는 안 된다."

이것을 한자로 표현한 것이 '자등명自燈明, 법등명法燈明'입니다.

부처님께서 말씀하신 '이밖에 다른 것'은 무엇일까요?
나[석존]에 의지하지도 말고 어떤 형상에도 의지하지 말라는 것이겠죠. 스스로 마음의 등불을 밝혀야 하고 진리를 등불 삼아 나가라는 것이겠죠. 내 마음에 등불이 켜지면 그것이 곧 법의 등불을 밝히는 것이 됩니다.

등불은 깨달음의 불빛이고, 은혜의 불빛입니다. 어두운 밤에 등불에 의지해 길을 가듯 어리석은 중생들은 부처님의 법에 의지해 인생의 올바른 길을 찾아갑니다. 내가 불을 밝히면 그 빛이 사방에 퍼져 다른 사람이 환하게 길을 갈 수 있습니다.

오랜 지인이 부처님 오신 날을 맞이하여 교당에 연등을 달아달라고 관등비를 보내왔습니다. 작년에 이어 올해에도 스스로 마음을 내어 등을 밝히고자 한 것입니다. 그분의 소원이 이루어지고 '자등명 법등명' 하시길 기원했습니다.

전국의 사찰과 교당에서 부처님 오신 날을 축복하면서 연등[관등]을 합니다. 연등燃燈이 등불을 밝히는 것이라면 관등觀燈은 연등을 보면서 마음을 밝히는 것입니다.

수많은 연등이 걸리고 그 빛이 사방에 퍼져서 우리 마음이 더욱 밝아지고, 세상의 어두운 곳이 환히 밝아지고, 이 땅에 기쁨과 평화와 행복이 넘쳐나길 기원합니다.

○ 원기106년 5월 14일

둘,
여인초를 키우며

숨터

KBS 다큐 프로그램 중 '숨터'가 있습니다. 4~5분 정도의 짧은 시간에 자연과 생명, 그 가운데 인간의 존재를 이야기하고 있는데요. 어쩌다 우연히 보는 프로그램이지만 가끔 방송을 보면서 저 또한 잠시 멈춰 숨터에서 쉬곤 합니다.

'숨터'라는 단어에 대해 제 나름대로 해석해 보자면 숨 쉬는 땅, 숨 쉴 곳이 아닐까요. 자연이야말로 우리의 숨터이고, 도시와 인공에 시달리고 지친 현대인들에게 이 방송이 하나의 숨터 역할을 하고 있다고 생각해 봅니다. 그래서 숨터는 쉬어 가는 곳, '쉼터'이기도 합니다.

숨은 내쉬는 호呼와 들여 마시는 흡吸이 하나의 사이클을 만들어 냅니다. 더 이상 내쉴 수 없을 때 생명은 끊어지게 되죠. 그래서 숨은 생명이고 생존입니다. 마지막 호흡이 목의 숨에 달려 있기에 목숨이라고 합니다.

숨이 막힐 때가 있고 숨이 트일 때가 있습니다. 만약 화가 나 가슴이 뛰고 진정이 안 될 때 가장 먼저 해야 할 일은 숨을 깊게 내쉬는 것입니다. 들숨과 날숨을 길게 여러 차례 하다 보면 숨 막힘이 숨 트임으로 바뀌어 마음이 곧 안정됨을 체험할 수 있습니다.

숨 쉴 수 있다는 것만 해도 신께서 나에게 부여해 주신 축복의 선물입니다. 숨만 제대로 쉬어도 건강한 삶을 살 수 있고, 숨만 제대로 쉬어도 마음의 평온을 유지할 수 있습니다. 숨을 잘 쉬는 것이 양생養生의 공부법입니다. 한편, 가까이에 나의 숨통이 될 수 있는 인연이 있으면 나는 행복한 사람입니다.

숨은 모름지기 천천히 여유롭게 쉬어야 하는데요.
원불교 '좌선법'에서는 "호흡은 고르게 하되 들이쉬는 숨은 조금 길고 강하게, 내쉬는 숨은 조금 짧고 약하게 하라."고 했습니다. 호흡은 자연스럽게 하되, 축기畜氣가 되게 하는 것이 좋습니다. 그래야 건강한 몸과 마음을 유지할 수 있습니다.

저는 요즘 아침 좌선 후 요가를 하고 있습니다. 간단한 포즈이지만 몸의 움직임과 멈춤에 호흡과 기운과 마음을 집중시킵니다. 몸도 숨을 쉬어야 합니다. 몸의 세포도 혈맥도 기운차게 돌아야 합니다.

이렇게 요가가 끝나고 나면 몸도 마음도 가뿐해짐을 느낄 수 있습니다. 활기찬 아침을 맞이하는 거죠. 호흡과 마음만 있다면 요가를 수행할 수 있습니다.

숨터는
우리의 생명이고 쉼터입니다.
오늘도 편안히 숨 쉴 수 있음에 감사합니다.

○ 원기106년 5월 21일

빛과 어둠

주방 창가 쪽에서 컵을 씻고 있었습니다. 창을 통해 들어오는 햇빛에 코브라 수전이 빛을 발합니다. 굴곡진 면과 선이 빛을 만나면서 밝게 빛남, 밝음, 어둠, 진한 어둠이 동시에 만들어졌습니다.

명明과 암暗이 적절한 조화를 이루어 코브라 수전이 하나의 보석처럼 반짝반짝 빛나 보입니다.

빛은 밝음과 어둠을 만들어 냅니다. 빛나는 곳이 있으면 어두운 곳은 반드시 있게 마련입니다. 빛은 어둠을 낳고 어둠은 빛의 그림자입니다. 그래서 빛과 어둠은 한 몸이라 말할 수 있습니다.

빛의 위치에 따라 밝음과 어둠은 바뀌게 됩니다. 밝음이 어둠이 되고 어둠이 밝음이 되는 것이지요. 그래서 밝음은 항상 밝음이 아니고 어둠은 항상 어둠이 아닙니다. 빛의 방향과 강도에 따라 밝음과 어둠은 차이를 만듭니다.

『혼불』의 작가 최명희는 이렇게 말했습니다.

"그믐은 지하에 뜬 만월滿月."

"어둠은 결코 빛보다 어둡지 않다."

매우 역설적인 말인데요. 우리는 보통 어둠은 고통이나 시련을, 빛은 영광이나 성공과 같은 단어들을 떠올립니다. 빛의 성공 뒤에는 반드시 어둠이라는 희생이 따르고 빛은 좋은 것, 어둠은 나쁜 것으로 인식합니다. 그믐을 뚫고 달은 차오릅니다.

모든 것에는 빛과 어둠이 함께 합니다. 빛나는 성공 뒤에는 어둡고 참담했던 쓰라린 실패와 좌절이 있습니다. 그 어둠을 딛지 않고는 빛나는 오늘도 없는 것이지요. 그래서 어둠은 결코 빛보다 어둡지 않다고 하지 않았을까요?

빛과 어둠은 나의 마음 세계에도 나타납니다. 어떤 빛을 비추냐에 따라 내 마음이 밝아지기도 하고 어두워지기도 합니다. 다른 사람이 빛을 비춰주기도 하지만 나 스스로 빛이 되는 것이 중요하겠지요.

교당 주방은 오후에야 햇빛이 들어옵니다. 때가 되면 어둠이 밝음으로 변합니다. 아름다운 인생은 완전 빛, 완전 어둠이 아니라 밝음과 어둠이 적절한 조화를 이루는 것으로 생각해 봅니다.

최명희 작가의 글을 좀 더 소개하죠.

"내가 어둠 속에서 눈물로 눈물을 덮으며 캄캄하게 울고 있을 때

나도 모르는 사이 내 영혼의 가지는 그 깊이만큼
더 높은 곳으로 자라고 있을 것인가.
그리하여 나의 눈물의 뿌리가 어둠의 핵에 가 닿으면
내 정신의 가지는 저 찬연한 빛의 핵에 이를 것인가."

○ 원기106년 5월 28일

내 그리운 창경궁

종로에 갈 일이 있어 모처럼 창경궁을 찾아갔습니다. 비가 오는 오후, 녹음 짙은 창경궁엔 몇 명의 사람만이 비 오는 날의 정취를 즐기고 있었습니다. 고궁의 고즈넉함에 어울리는 빗소리가 참 정겹게 들렸습니다.

저는 폭우가 아닌 이상 비 오는 날이 좋습니다. 창밖에 비 내리는 모습도 좋지만, 우산을 쓰고 혼자 한가로이 걷는 소요逍遙의 기쁨은 말로 할 수 없을 정도입니다. 제가 좀 감성적인 데가 있나 봅니다.

회랑 마루에 앉아 비를 감상했습니다.
옥천교 양쪽에 빨갛게 익은 앵두가 탐스럽게 빛나 보였습니다. 엄마 물오리의 꽁무니를 따라 올망졸망 떼 지어 걸어가는 일곱 마리 새끼 오리들의 모습이 앙증맞습니다. 가족 나들이를 가는 것인지…. 아마도 아빠 오리를 마중 나가는 것은 아닌지 모르겠네요.

창경궁에 가면 항상 저만의 순례 코스가 있습니다. 그중 가장 전망 좋고 편안한 최애의 장소는 양화당 뒤편 작은 언덕입니다. 갈 때마다 벤치에 한참 앉아 창경궁의 전경과 종로 시내, 그리고 남산의 전경을 보곤 하지요. 서울 도심에 이런 멋진 곳이 있음을 감사하면서 말입니다.

자리를 옮겨 춘당지 연못 주변 산책로를 걷습니다. 연못 위로 떨어지는 작은 빗방울들이 살포시 연못을 깨우는 듯 아름답게 보입니다. 모처럼 흙길을 오래 걸으며 발걸음 소리에도 귀를 기울여 봅니다. 우산 위로 떨어지는 빗소리와 흙 밟는 소리가 기묘한 화음을 만들어 냅니다.

오늘도 내 그리운 창경궁은 아름다웠습니다.
그리운 장소, 그리운 사람, 함께 했던 좋은 추억들과 감정들은 오늘도 나를 살짝 미소 짓게 합니다.

마지막으로 제가 좋아하는 류시화 시인의 시,
〈그대가 곁에 있어도 나는 그대가 그립다〉를 소개하고자 합니다.

"물속에는
물만 있는 것이 아니다
하늘에는
그 하늘만 있는 것이 아니다
그리고 내 안에는
나만이 있는 것이 아니다

내 안에 있는 이여

내 안에서 나를 흔드는 이여
물처럼 하늘처럼 내 깊은 곳 흘러서
은밀한 내 꿈과 만나는 이여
그대가 곁에 있어도
나는 그대가 그립다."

○ 원기106년 6월 4일

백신과 바이러스로부터의 자유

요즘 주변에서 코로나 백신을 맞으신 분들이 많습니다.
우리 교당 교도님들의 경우, 고령자들이 많으시기에 대부분 최소한 1차 접종을 마치셨습니다. 7월부터는 접종자에게만 단체 해외여행도 가능하고 종교 활동 인원 제한에서 배제된다고 하니 다행입니다.
이제 얼마 후면 거의 정상적으로 법회를 볼 수 있을 것 같아 기쁜 마음으로 그날을 손꼽아 기다리고 있습니다.

얼마 전까지만 해도 감염 확진자 수에 민감했는데 요즘은 백신 접종자 수에 더 관심을 두게 됩니다. 아직 우리가 코로나에서 벗어날 수는 없지만, 백신 접종자 수가 많아질수록 그만큼 안심하게 됩니다. 이제 긴 어둠의 터널을 벗어나는 듯한 희망이 보입니다.

백신[vaccine]은 자동으로 면역하기 위하여 쓰이는 항원인데요. 몸에 항체가 생기면 바이러스를 이겨낼 수 있는 거죠. 지금까지 우리는 너무 많은 제한과 제약 속에 살았지만, 앞으로는 예전의 자유와 권리를 찾게 됩니다. 그래서 저는 백신을 삶의 해방이며 광복이라 생각합니다.

우리의 마음 나라에도 예기치 못한 바이러스들이 침투하곤 합니다. 그 마음 병의 증상은 요란함, 어리석음, 그름인데요. 심하면 한동안 내 마음이 죽어 있기도 합니다. 치료한다고는 하지만 또 다시 침투하기 때문에 안심할 수는 없습니다.

강력한 바이러스에 대항하기 위해서는 꼭 필요한 것이 백신입니다. 바이러스로부터 내 마음을 보호하고 살려낼 백신은 무엇일까요?

참고로 서울시 COVID19 심리지원단이 말하는 마음의 백신 7가지입니다.
①격려 백신: 나를 격려하기
②긍정 백신: 좋은 일 하기
③실천 백신: 수칙을 솔선수범하여 실천하기
④지식 백신: 제대로 알기
⑤희망 백신: 끝이 온다는 것을 알기
⑥정보 백신: 도움받는 법 알아두기
⑦균형 백신: 이성의 균형 유지하기

제가 생각하고 또 생각해 봐도 마음 병을 치료할 최고의 백신은 이렇습니다.
①서원: 부처의 큰 꿈을 세우고 돌아보기
②신심: 진리와 법과 스승을 믿고 의지하기
③공심: 이웃과 세상을 위해 좋은 일 하기

④공부심: 마음을 찾고 놓는 연습하기
⑤자비심: 환한 미소와 따뜻한 손길로 안아주기

우리 모두 마음 병 백신 맞으시고 마음의 자유 얻으시길 기원합니다.

마음 병 백신 맞는 곳이 어디냐고요?!

○ 원기106년 6월 11일

여인초를 키우며

석 달 전에 '여인초'라는 화분을 이사 선물로 받았습니다.
주 1회 물을 주라는 친절한 안내문도 있었습니다.
이전에는 그 화초 이름이 '여인초旅人蕉'인 줄도 몰랐었고
처음에는 '여인초女人草'이겠거니 했었지요.
여인초는 파초과의 교목으로 잎이 꽤 큰 편에 속합니다.

여인초뿐만 아니라 넓어진 거실 공간에 몇 종류의 식물들을 함께 키우고 있습니다. 제가 일주일에 한 번씩 화분에 물을 주는 담당인데요. 책임감을 느끼고 키워서인지 더 사랑스럽고 정성이 더 가게 됩니다. 이렇게 키우는 애들을 '반려 식물'이라고 하더군요.

실내에서 식물을 키우다 보니 좋은 점이 참 많습니다.
실내 공기도 자연정화가 되는 것 같고, 식물들이 커나가는 모습을 보면서 생명의 신비를 직접 눈으로 체험하게 됩니다. 또 무언가에 정성을 가지고 대하다 보니 제 마음 또한 정성스러워지고 편안함을 느낄 때가 많습니다. 이런 것을 '원예치료'라고 하더군요.

여인초가 저의 집으로 온 이후 두 개의 잎사귀가 새로 났습니다.

그 모습을 쭉 지켜봤는데요. 처음엔 가늘고 여리게 눈을 내밀더니 어느새 큰 키로 쭉 올라와서 커다란 잎사귀를 펼쳐내더군요. 참 신비로웠습니다.

어제 아침엔 그 여인초를 보면서 한 감상이 들었습니다. 이번에 두 번째로 나온 잎은 처음에 나온 잎에 비해 키도 작고 잎도 작았습니다. 똑같은 뿌리에서 거의 같은 조건과 환경에서 나왔는데 그 모습은 다 다르더라는 것이죠. 그냥 당연하게 생각되었던 것이 특별한 느낌으로 다가온 겁니다.

정확하게 따지면 똑같은 조건과 상황이라고는 할 수 없겠죠. 식물의 본성이 첫째와 둘째가 다를 것이고 물과 햇빛과 공기의 양도 다를 수 있죠. 어쩌면 그렇게 다르다는 것이 당연한 결과일 것입니다.

여인초 전체의 모습을 살펴봤습니다. 최근에 올라온 두 개의 잎사귀뿐만 아니라 모든 잎사귀가 그 높이와 잎의 크기가 다 달랐습니다. 그러면서 전체적으로는 저마다의 모습 속에서 조화를 이루고 있었습니다. 그 전체적인 모습이 아름답게 보였습니다. 만약 똑같은 크기에 똑같은 모양을 하고 있었다면 그런 조화로운 아름다움은 없었을 것입니다.

작다고 모자란 것이 아니고 낮다고 높지 않은 것이 아닙니다. 각자의 위치에서 제 모습 그대로 소중합니다. 우리 각자의 모습도 마찬가지이겠지요. 존재 그 자체로 소중하고, 있는 그대로 아름다운 모습 말이죠.

여인초를 비롯한 우리 집 반려 식물들! 모두가 소중한 친구이자 가족입니다. 내일은 그 사랑스러운 화초들에 물을 주는 날입니다.
더욱 싱그러운 모습을 볼 것을 생각하니 벌써 기분이 좋아집니다.

○ 원기106년 6월 18일

여닫음의 미학

아침에 일어나면 앞뒤 창문을 열어둡니다.
자연의 맑은 바람이 들어옵니다. 좌선하고 있으면 청량함이 가득합니다. 열림으로 인해 들어오게 되고, 들어오니 기운이 소통됩니다.

창문을 마냥 열어둘 순 없습니다. 미세먼지가 들어오고 창문 밖 도로 소음이 들어오기 때문입니다. 닫으니, 외부의 것들이 막혀 들어오지 못합니다. 막히니 밖으로의 영향을 받지 않고 내적으로는 고요해집니다.

여닫기를 때에 맞게 잘하는 것이 중요합니다. 마냥 열어 놓을 수도 없고 그렇다고 꽁꽁 잠가 놓을 수만도 없습니다. 열어야 할 때 열고, 닫아야 할 때 닫을 줄 아는 것이 지혜입니다.

식당도 관공서도 여닫는 시간이 있습니다. 여는 것은 활동의 시간이고 닫는 것은 휴식의 시간입니다.
우리의 몸도 여닫기를 잘해야죠. 열어야 할 때 쉬려 하고 닫아야 할 때 움직이려는 것은 어리석은 일입니다.

여닫는 것이 출입문과 창문뿐이겠습니까!

육근六根의 문을 잘 여닫는 것이 마음공부입니다. 눈, 귀, 코, 입, 몸, 마음도 열어야 할 때와 닫아야 할 때가 분명히 있습니다. 때와 곳에 맞는 시중時中의 개폐開閉가 중요합니다. 각자의 육근문에 문지기가 꼭 있어야 하고 문지기 노릇도 잘해야 합니다.

보지 말고 듣지 말아야 할 것은 눈과 귀를 꽁꽁 닫아야 합니다. 입도 꼭 필요할 때만 열고 웬만하면 닫아두는 것이 좋습니다.

석유왕 록펠러는 "성공하려면 귀는 열고 입은 닫으라."라고 했습니다. 경청과 침묵의 무게를 가질 수 있어야 하지요.

대산 김대거 종사께서는
육근의 문을 여닫는 공부에 대해 이렇게 법문하였습니다.

"천만 경계를 대할 때마다 육근문에 검문소를 설치하여 마음이 법 없이 들어왔다 나갔다 하지 못하도록 온전한 생각으로 취사하는 공부니라. 특히 육근문을 개폐할 때는 열에 셋은 부득이 열더라도 나머지 일곱은 닫아 함축할 줄 알아야 하나니, 불보살들의 행적을 돌아보면 그중 둘이나 하나만을 열어 놓고 사셨으나 범부와 중생들은 열을 다 열어 놓고 살므로 본성이 죽거나 도둑을 맞아 빈 껍질만 남게 되었느니라."

열어 놓고 함부로 쓰면 잃게 되고 도둑맞기 쉽습니다. 그래도 가능한 마음의 문은 활짝 열어두는 것이 좋습니다. 긍정의 마음,

자비의 마음은 더욱 그렇지요. 마음이 넓게 열린 만큼 보고 듣고 생각하는 폭도 넓어져 두루 원만한 사람이 될 것입니다.

오늘도 내일도 잘 열고 잘 닫으시기를 바랍니다.
감사합니다.

○ 원기106년 6월 25일

빈틈의 두 모습

지하철역에서 〈빈틈〉이라는 제목의 글을 보았습니다.

"빈틈이 있어 좋다

바람도 잠시 들어오고
햇볕도 알랑알랑 비쳐 들고
꽃향기 물씬 풍겨 날 수 있는 빈틈

서로에게
빈틈을 내어주며 살자
빈틈으로 들어가
안아주고 위로해 주자

사람 사는 냄새가 좋다
빈틈이 있어 좋다."

글을 읽으면서 슬며시 입가에 미소가 번지고 마음이 편안해졌습니다.
빈틈은 여유, 소통, 수용의 공간이더군요. 모자람이 아니라 남음이고, 막힘이 아니라 트임이더군요.

때론 허술하거나 부족하게 보일 때가 있습니다. 약점, 빈틈을 보이는 거죠. 그 빈틈을 노리고 공격하는 사람들이 있습니다. 작은 빈틈으로 날카로운 창이 들어옵니다. 그러면 속절없이 쓰러져 당하고 맙니다.

바늘 하나 들어갈 틈도 없는 꽉 막힌 세상 속에서 빛과 바람과 숨결과 체온이 그 작은 빈틈으로 들어옵니다. 생명과 인정人情과 관계를 살려냅니다.

너무 반듯한 사람보다는 약간 허술하게 보이는 사람이 정겹습니다. 빈틈없는 완벽주의자보다는 가끔 실수도 하고 헛웃음도 치는 그런 사람이 인간적입니다.

누구에게나 빈틈이 있습니다. 허물이 있고, 약점이 있습니다. 최대한 그 빈틈을 막으려 노력합니다.

그런데요. 빈틈 보이는 것을 두려워할 것이 아니라 용기 내어 과감하게 나의 빈틈을 내어주면 어떨까요?

그 빈틈으로 들어가 부족함과 아픔을 서로 보듬어 주면 좋겠습니다. 빈틈으로 들어오는 향기로운 바람과 햇살 그것이 희망과 안정이면 좋겠습니다.

○ 원기106년 7월 2일

남성 사중창

서울교구에 법인절 기념 특별 중창단이 꾸려졌습니다. 중창 실황 영상을 제작해서 유튜브에 올리는 프로젝트인데요. 법인法認의 의미를 많은 교도님과 함께 나누고자 하는 기획입니다. 곡목은 월타원 송관은 교무님이 작곡한 〈일심으로 기도 올린 & 생명을 다 바쳤네〉를 편곡한 곡으로 총 104마디에 해당하는 장대한 서사곡입니다.

항간에는 단원 선발에 있어 노래 실력이 아닌 외모순으로 뽑았다는 허무맹랑한 소문도[ㅋㅋ] 있지만, 저 또한 당당히 그 이름을 올렸습니다. 저도 왕년에 중창이며 합창을 했던 가락이 있어서 '웬만하면 하겠지.'라는 다소 자만한 마음으로 연습장에 갔습니다.

남자 넷, 남성 4중창인데요. 악보를 받아 들고 맨 처음 든 생각은 '이게 가능할까'였습니다. '테너, 테너2, 바리톤, 베이스.'
합창할 때는 묻어갈 수 있었지만, 이제는 혼자서 한 파트를 책임져야 하니 앞이 깜깜했습니다.

먼저 〈고향의 봄〉으로 발성 연습을 하고 각자가 담당해야 할 파트가 정해졌습니다. 전 처음에는 바리톤이었으나 '고음 불가'라 베이스로 내려앉았습니다. 악보 보는 것도 힘들더군요. 음의 길이는 좀 알겠는데 음의 높이는 가늠이 잘 안되었습니다.

3시간여 연습을 통해 겨우 한 번 곡을 대충 훑게 되었는데요. 아직은 모든 것이 어설펐지만 앞으로는 나아질 것 같다는 희망과 확신이 생겼습니다. 가르치는 분은 얼마나 답답하셨을까요? 그래도 모자란 저희에게 계속 칭찬과 용기를 주시더군요. 덕분에 힘들지만 재미있게 배우는 시간이 되었습니다.

중창 연습을 하면서 몇 가지 배움이 있었는데요.
첫째는 음을 누르지 말고 띄워주라는 것입니다.
저도 생각해 보니, 성가는 장중해야 한다는 생각에 계속 무게감 있게 눌러서 불렀더라고요. 그런데 꽃이 피어나듯 위로 올려 부르니까 부르기도 쉽고 성가가 살아나는 느낌, 찬양되는 느낌을 받을 수 있었습니다.

수행[공부]도 그렇고 인간관계도 그런 것 같아요. 자칫 짓누르는 억압적인 수행을 하게 되면 몸과 마음에 무리를 주게 되어 쉽게 지치게 되지요. 인간관계에서도 상대방을 누르지 않고 띄워줬을 때, 그 사람이 살아나게 됩니다.

두 번째 얻은 감상은 크고 자신 있게 소리를 내라는 것입니다.
틀릴 것을 걱정하여 위축되고 소리도 작아지게 되죠. 선생님 말씀에 큰 소리는 줄일 수 있지만, 작은 소리는 키울 수 없다고 하시더군요.

네, 맞는 말입니다. 큰 소리로 낼 때 어떤 부분이 틀렸는지 확실히 알게 되죠. 자신의 그름을 보는 것도 마찬가지인 것 같아요. 어중간하게 알게 되면 이도 저도 아니게 됩니다. 옳고 그름을 확실히 알 때 그름을 피하고 옳으므로 나아갈 수 있습니다. 그래서 실수하더라도 자신 있게 할 필요가 있는 것 같습니다.

중창 연습을 하면서 또 하나 느낀 것은 하나의 소리보다 네 개의 소리가 어우러지니 정말 멋진 화음이 탄생하게 되더군요. 무지개가 아름다운 것은 일곱 색깔을 가지고 있기 때문이고, 오케스트라 또한 다양한 악기들의 음이 조화를 이루기 때문이지요.

아직은 불협화음인 것이 분명합니다. 내 소리를 내기도 급급합니다. 이제 좀 지나면 피아노 소리가 들리고 다른 사람의 소리도 들릴 것입니다. 음의 고저장단과 색깔도 가늠이 될 것입니다. 이젠 곧 불협화음이 아닌 조화로운 협화음이 날 것을 기대하고 소망합니다.

나의 심신 작용도, 다른 사람을 대하는 마음도, 아름다운 선율이 흐르면 좋겠습니다. 넘치지도, 모자라지도 않은 적당한 음이 필요합니다.

저는 지금 영광 국제마음훈련원에서 교무훈련 중입니다. 앞으로 모든 소리가 잘 날 수 있도록 비우고 채우고, 놓고 세우기에 공을 쌓아 보겠습니다.

○ 원기106년 7월 9일

나의 알고리즘[algorism]

유튜브를 자주 보고 시청하는 시간도 늘어나고 있습니다. 예전엔, "모르면 네이버에 물어봐"라는 말이 있었는데요. 요즘은 가히 유튜브 세상입니다. 원하는 모든 것을 유튜브 동영상을 통해 얻을 수 있습니다.

저도 구독하는 채널 수가 늘어나고 있는데요. 관심 영역도 넓어지고 다양해져 갑니다. 그런데요. 이 유튜브는 똑똑하게도 제가 관심 가질, 필요로 하는 영상들을 저에게 먼저 보여 줍니다. 유튜브에 알고리즘이 작동하는 것인데요.

알고리즘[algorism]의 뜻은 "어떤 문제의 해결을 위하여 입력된 자료를 토대로 하여 원하는 출력을 유도하여 내는 규칙의 집합"으로 설명되어 있습니다.

좀 쉽게 설명하면 유튜브 동영상이 내 눈앞에 뜨는 것은 조회 수, 재생 시간 수, 추천 수, 댓글 수 등 입력값에 의해 결정된다는 것입니다. 이러한 입력값에 따라 내가 선호하는 영상을 추천하는 시스템입니다.

예를 들어 프로야구를 좋아하는 사람에게는 프로야구와 관련된 동영상, 음악을 좋아하는 사람에게는 음악 관련 동영상, 종교에 관심 있는 사람에게는 종교 관련 동영상이 자동으로 보입니다.

최근에 저는 교당 신축과 관련하여 건축 관련 동영상을 자주 시청하다 보니 이와 관련된 동영상들이 추천 영상으로 뜨더라고요. 이렇게 컴퓨터가 알아서 자동으로 제공한다는 것이 놀라울 따름입니다.

나의 육근六根 동작에도 보이지 않는 알고리즘이 작동합니다. 눈, 귀, 코, 입, 몸, 마음이 움직이는 데에도 정확한 규칙이 있습니다. 자주하고, 좋아하는 것에 먼저 반응하게 되죠. 좋아하는 음식, 읽고 싶은 책, 가보고 싶은 장소, 좋아하는 사람···.
내가 관심 두고 공을 들이는 정도에 따라 나의 행동이 결정됩니다.

나는 무엇을 보고, 무엇을 생각하고, 무엇을 좋아할까?

정산 송규 종사께서는 말씀하셨습니다.
"수도인은 오직 도만을 생각하고 부처만을 부러워해야 한다."
라고.
내 마음과 정성이 어디로 흐르고 있는가?
저 자신에게 던져보는 물음입니다.

유튜브 알고리즘은 내가 좋아하는 것을 추천합니다. 더 봐달라고 유혹하는 거죠. 그러면 보지 않아도 될 것에 더 정신을 빼앗

기게 됩니다. 마음과 행동의 습관이 그렇게 길드는 것입니다.

나의 육근 동작의 알고리즘은 지금 어디로 작동하고 있는가?
그것이 도道이고 부처[佛]이길 기원합니다.

○ 원기106년 7월 16일

입을 크게 벌리세요

"교무님! 입을 더 크게 벌리세요."

중창 연습 지휘자님의 말씀입니다. 요즘 법인절을 앞두고 남성 교무 4중창을 위해 맹연습 중인데요. 노래 부르기가 쉽지 않습니다.
녹음하고, 비디오를 찍는다고 하니 그냥 허투루 할 수는 없잖아요. 교구에서 연습뿐만 아니라 틈틈이 연습하는데도 배우면 금방 잊어버리는 병이 생긴 것인지 시간 지나면 도로 그 자리입니다.

"교무님은 목소리는 너무 좋으신데 입을 작게 벌리는 것이 병이시네요. 입만 크게 하고 부르시면 훨씬 좋아질 거예요. 오랫동안 그렇게 습관이 되어서 그래요. 노래가 입안에서 오물오물하는 것 같아요. 교무님! 입을 더 크게 벌리세요. 아셨죠?"

이후 의식적으로 입을 크게 벌리고 노래를 부릅니다.
"네, 그렇게 하시니까 훨씬 좋잖아요."
제가 시키는 것은 잘 따라 하는 편인데 그래도 좋아졌다니 자신감을 가지고 다시 노래를 부릅니다.

습관은 나도 모르는 사이에 생깁니다. 습관이 굳어지면 고치려고 해도 잘 고쳐지지 않죠. 습관이 든 시간만큼 고치는 데도 그만큼의 시간과 노력이 필요합니다. 그래서 습관이라는 것이 참 무섭습니다. 그래도 잘못된 것인 줄 알고 대처를 하면 그만큼 빨라지겠죠.

저는 지휘자님의 말씀을 듣고 이것은 단순히 노래 부를 때만의 문제가 아닌 것 같다는 생각이 들었습니다. 그 문제는 평소 제 생각과 주장을 큰 소리로 분명하게 전달하지 못한다는 겁니다. 이것저것 살피며 주저주저하고 이것도 저것도 아닌 중간지점을 찾으려 하는 습관이 있는 것 같아요. 한 마디로 제 목소리가 제대로 나오지 않는다는 것이지요.

듣는 사람도 답답하겠지만 저 자신도 이런 저의 모습이 답답할 때가 있습니다. 속으로는 분명히 아는 데도 자신 있게 표출을 못하니까요. 잘못하면 무색, 무취형 인간이 되지 않을까 걱정도 합니다.

함부로, 막무가내로 하는 것보다는 조심스러움이 나을 수 있습니다. 그래도 좀 부족하더라도 자신 있게 실수도 하고 목소리를 낼 때 그 잘못이 고쳐지고 최상의 목소리를 찾을 수 있다는 것이지요. 침묵할 줄도 알아야 하지만 과감히 소리 낼 줄도 알아야 합니다.

"교무님! 입을 더 크게 벌리세요."

목소리를 낼 땐 확실히 내세요. 입을 크게 벌리니 확실히 목소리가 커집니다. 목소리가 커지니 소리의 고저장단 조정이 쉽게 됩니다.

앞으로 입을 더 크게 벌리고 노래하겠습니다. 베이스 목소리로 밑에서 딱 받치고 묵직하게 노래의 중심을 잡겠습니다. 최상의 화음이 나올 수 있도록 말이죠.

○ 원기106년 7월 23일

삼복三伏 더위

연일 무더위가 계속되고 있습니다. 35도를 넘나드는 이 더위에 밖을 돌아다닌 것도, 열대야에 잠 못 이루는 밤도 힘이 듭니다. 햇볕이 쨍쨍 내리쬐는 한 낮에는 햇살이 피부를 뚫고 들어오는 듯한 따가움이 있습니다.

초복과 중복이 지나고 이제 말복을 향해 갑니다. 여름의 무더위를 삼복三伏으로 말하는데요. 이 더위를 피하는 길은 멋지고 시원한 피서지를 찾는 것보다 집에서 방콕하면서 에어컨과 선풍기 바람에 의지하는 것이 최고인 듯합니다.

정산 송규 종사께서는 삼복더위를 자연의 이치로 설명하고 있는데요. 법문의 내용은 아래와 같습니다.

"양이 극한 한더위에 삼복이 있나니, 이는 음이 새로 일어나려다가 극성한 양에게 눌리어 세 번 항복한다는 뜻이니라. 그러나 말복이 지나면 양은 차차 쇠해지고 음이 차차 힘을 타게 되나니, 이것이 곧 극 하면 변하고 미 하면 나타나는 우주 자연의 이치라, 정권의 소장도 그러하며 단체나 개인의 성쇠도 그러하므로, 도인들은 이 원리를 미리 알아서 그 성할 때에 항상 미리 겸손하고 사양하며 남을 위하나니라."

극하면 변하는 것이 자연의 이치입니다. 무더위가 극성인 하지에 일음—陰이 나타나 점차 기운을 타 가을과 겨울 기운을 만들어 냅니다. 가을이 시작되는 입추가 말복 앞에 놓여 있는 것도 그 이유이지요.

여름에 더운 것은 당연한 일입니다. 이 무더위가 있어 과일과 곡식이 알알이 영글어 갑니다. 그래도 이 더위에 밖에서 일하시는 분들을 생각하면 좀 미안한 생각이 듭니다.
건설 노동자, 배달 노동자….
이런 분들이 있어 우리가 편안하게 살아갑니다. 도쿄 올림픽에서 땀 흘리는 선수들이 있어 우리는 환호하고 응원합니다.

정산 종사께서는 "도인은 그 성할 때 항상 미리 겸손하고 사양하며 남을 위한다."라고 하셨습니다. 최고일 때 더욱 겸손하고 조심해야 합니다. 혼자 독차지하지 않고 함께 할 때 오래갑니다. 또한 물러나야 할 때는 물러설 줄 알아야 합니다. 돌아오는 가을을 위해 자리를 내어줘야 하죠.

이 무더위 또한 곧 물러날 것입니다. 지금 한창 극성인 코로나도 곧 사그라질 것입니다. 강원도 훈련원으로 피서를 가신 교도님께서 그곳은 추워서 이불을 덮고 잘 정도라고 합니다. 부럽지만 이곳에서도 최대한 더위를 달래보려고 합니다. 무더위에 부디 건강하시길 기원합니다.

○ 원기106년 7월 30일

자가격리

제가 현재 자가격리 중입니다. 지난주에 ○○○를 우연히 만났는데 그분이 코로나 확진 판정을 받았습니다. 저는 밀착 접촉자가 되어 보건소로부터 다음 주 금요일 정오까지 자가격리해야 한다는 통보를 받았습니다.

'나에게도 이런 일이 일어나는구나.'
순간 당황스러웠고, 어이가 없었습니다. 저녁 8시가 넘은 늦은 시간에 20분을 걸어 선별진료소에 가서 코로나 검사를 받았고, 그다음 날 다행히 음성이 나와 일단 안심했습니다.

이때부터 모든 일정이 꼬이기 시작했습니다. 당장 천도재를 다른 교무님께 부탁해야 했고, 어머니의 생신을 맞이하여 가족과 함께 익산에 내려가기로 했던 일정도 취소되었습니다. 법인절 중창단 익산 총부 영상 촬영도 취소되었고요. 앞으로 남은 기간 동안 교당 법회를 비롯하여 교당 일과 개인 일들이 꽁꽁 묶이게 되었습니다.

지금은 코로나와 관련된 아무런 증상이 없어 안심하고는 있지만, 혹여 모를 일을 대비하여 자가격리 수칙을 지키며 집에서 생활하고 있습니다. 방과 화장실을 혼자 쓰고, 가족과는 되도록 멀리 떨어져 생활하고, 대화가 필요할 때는 마스크를 쓰고 있습니다.

격리; 다른 것과 통하지 못하게 사이를 막거나 떼어 놓음.

"집에만 계셔야 합니다. 다른 곳으로 이동하시면 절대 안 됩니다."

방역상 자가격리는 몸의 격리에 해당하죠. 전염병의 확산을 막기 위해 접촉을 최소화하는 조치입니다. 외출을 할 수 없어 좀 갑갑하지만, TV를 볼 수 있고, 인터넷을 할 수 있고, 전화를 할 수 있고, 가족을 볼 수 있어 큰 불편함은 모르겠습니다.

불교 선방禪房에서는 무문관無門關 정진이 있습니다. 무문無門, 문이 없는 것인데요. 다른 말로는 문을 닫는 것을 말합니다. 누구에 의해 갇히는 것이 아니라 나 스스로 문을 걸어 잠그는 것이죠.

독방에 갇혀 외부와의 모든 것을 차단한 채 홀로 자기 자신과 마주하는 공부입니다. 100일, 또는 3년 이상 무문관 수행을 하는 스님들도 있습니다. 참 나를 찾고, 절대적 존재를 만나기 위한 고독한 수행 과정이죠. 이 과정을 통해 따로 문이 없는 대도무문大道無門의 성리性理 세계로 들어갑니다. 결국 문을 닫아 광활한 마음의 빗장을 여는 것입니다. 수행자는 나 혼자만이 갖는 적공의 방[적공실]이 필요합니다.

2주간 자가격리! 감히 무문관 수행과는 비교할 수 없는데요. 그래도 문밖을 나가지 않는 그 기간만이라도 저 자신을 묶어놓고 돌아보는 정진의 시간을 갖고자 합니다. 선禪도 하고, 경전도 읽고, 기도도 하고요. 푹 쉬어도 보려고 합니다.

때로는 몸뿐만 아니라 마음도 자가격리가 필요한 것 같아요. 밖으로만 치닫는 마음, 물질에 현혹되어 달아나는 마음, 사심과 불의에 빠져나가는 마음, 안으로 꽁꽁 묶어 자가격리 시켜야 합니다. 단전 토굴에 말이죠. 안으로 뭉쳐진 힘이라야 큰 힘을 발휘할 수 있습니다.

계속 가둬두고 막아놓을 수만은 없겠지요. 필요할 땐 열어야 하고 통하면서 살아야 합니다. 잘 열고 잘 통하기 위해서는 몸도 마음도 격리가 필요하다는 것을 이번 코로나 강제 자가격리를 통해 얻은 소득입니다.

매일 2천 명 가까운 확진자가 나오고 있습니다. 나와 먼 이야기가 아니라 주변 가까이에서 환자가 발생합니다.
부디 잘 살피고 조심하셔서 건강해지시길 기원합니다.

○ 원기106년 8월 6일

신토불이 身土不二

익산에 사는 누나가 감자 한 상자를 보내왔습니다.
해마다 여름이면 잊지 않고 보내주는 덕분에 쪄먹기도 하고, 반찬 등으로 맛있게 먹고 있습니다. 며칠 전에는 감자수제비를 만들어 먹었는데 맛이 끝내줬습니다. 누나 시댁에서 직접 재배한 감자라 믿고 먹을 수 있어서 더 감사한 마음입니다.

감자 상자에 쓰인 글귀가 눈에 들어왔습니다.
"신토불이 身土不二 우리 농산물을 애용하여 농촌경제 이룩하자."
흔히 볼 수 있는 정겨운 문구입니다. 한편으로는 외국 농산물에 밀려 힘들어하는 농부님들의 아픈 마음이기도 합니다.

'신토불이' 몸[身]과 땅[土]은 둘이 아니라[不二] 하나라는 뜻으로, 자기가 사는 땅에서 산출한 농산물이라야 체질에 잘 맞음을 이르는 말입니다. 한마디로, "우리 것이 좋은 것이여."라고 할 수 있습니다.

그런데, 이 용어는 원래 불교에서 유래했습니다. 신身이란 지금까지 행위의 결과인 정보正報로, 토土는 신이 입각하고 있는 환경인 의보依報를 의미한다고 합니다. 한마디로 모든 것은 인과응보라는 것인데요.

한편으로 신身은 이 몸을, 토土는 정토淨土를 말합니다. 신토불이는 이 몸과 정토는 둘이 아니라 하나라는 뜻이 되지요. 이 몸에서 정토를 건설하라는 의미로 해석됩니다.

불교에서는 중생이 사는 예토穢土와 부처가 사는 정토淨土가 있는데요. 예토는 번뇌와 망상이 가득 찬 세상이고 정토는 맑고 깨끗한 세상으로 극락정토極樂淨土라고 말합니다.
중생들이 꿈꾸는 불국정토, 극락정토는 저 멀리 있는 것이 아니고, 죽은 이후에 가는 세상이 아니고, 지금 바로 내 몸이 정토입니다. 정토의 나타남이 이 몸이죠. 따라서 신토불이의 참뜻은 부처를 멀리서 찾지 말고 이 몸에서 찾고, 이 마음에서 찾으라는 말씀입니다.

마음이 청정하면 그곳이 바로 극락정토입니다. 번뇌와 망상, 탐·진·치 삼독심이 이 몸과 마음에서 일어나지만, 그것이 모두 공하다는 것을 알아차리는 순간 바로 청정한 극락세계가 펼쳐집니다. 최종적으로는 이 몸이 정토인 법신法身입니다.

저는 오늘 정오를 기해 자가격리를 마칩니다.
코로나 검사 결과 음성이 나왔고 아무런 증상 없이 건강한 몸으로, 일상으로 돌아갑니다. 모처럼 몸도 마음도 느긋하게 긴 휴식을 취했습니다. 염려해 주신 모든 분께 감사드립니다. 의료진과 업무에 종사하시는 모든 분께도 감사드립니다.

○ 원기106년 8월 13일

이름값 해라

매미가 그렇게 요란하게 울어대더니, 요즘은 울다 지쳤는지 그 소리가 작아졌습니다. 아침저녁으로 선선한 바람에 잠 못 이루는 밤이 없어졌습니다. 이제 늦여름의 끝자락인 듯합니다.

내일[21일]은 원불교 4대 경축일 중의 하나인 법인절法認節입니다. 원불교 초기 교단을 일구셨던 구인九人 선진들의 창생을 구원하겠다는 기도 정성이 하늘과 땅의 감응을 얻어 법계로부터 백지혈인白指血印의 이적으로 인증을 받은 날입니다.

소태산 대종사님께서는 구인 제자에게 법호와 법명을 주시며 이렇게 말씀하십니다.

"그대들의 전날 이름은 곧 세속의 이름이요 개인의 사사 이름이었던 바 그 이름을 가진 사람은 이미 죽었고 이제 세계 공명公名인 새 이름을 주어 다시 살리는 바이니 삼가 받들어 가져서 많은 창생을 제도하라."

원불교에 입교하면 법명法名이라는 새 이름을 받게 됩니다.
제 속명은 희종喜鍾이고
제 법명은 덕희德熙입니다.

출가 후 속명인 희종은 가끔 행정문서를 작성할 때만 쓰고, 거의 불리지 않고 '덕희'라는 법명으로 살아갑니다. 저에겐 법명이 새 이름인 것은 분명합니다. 그 법명에 따라 새사람이 되고, 이름에 걸맞은 사람이 되고자 노력하지요.

"이름값 해야 한다."

소태산 대종사님께서 제자들에게 법명을 주시면서 해주신 말씀이고, 선진 스승님들로부터 자주 들었던 말씀입니다.

이름값을 한다는 것은 무엇일까요?

이름에는 기원祈願이 담겨 있습니다. 누구처럼 훌륭한 사람, 한자의 뜻을 새겨 그런 사람이 되길 소망하는 마음이 담겨 있습니다.

덕희라는 저의 법명은 처음엔 한자가 덕희德希였습니다. 가운데 자는 큰 덕으로 같지만, 마지막 자는 바랄 희希에서 빛날 희熙로 바뀌게 되었습니다. 열반하신 항산 김인철 종사님의 권유였는데요. "덕을 바랄 것이 아니라 너 스스로 빛나게 해야 한다."라는 뜻이었습니다.

저는 '덕德'이라는 한자를 무척 좋아하고, 덕 있는 사람이 되기를 소망합니다. 그렇게 되기 위해 노력하고요. 제가 덕 있는 사람이어서가 아니라 부족하여서 채우기에 더욱 노력해야겠다는 생각입니다.

이름값을 한다는 것은 부모님과 스승님들께 부끄럽지 않게 산다는 것입니다. "많은 창생을 제도하라." 하신 대종사님의 공명公名을 받들어 산다는 뜻입니다.

법인절을 맞아
'나는 이름값을 잘하며 살고 있는가.'
자신에게 묻습니다.
부끄럽지 않게 살도록 노력하겠습니다.

○ 원기106년 8월 20일

무아지경 無我之境

TV 드라마에 빠져 거의 무아지경입니다. 표정에서 알 수 있습니다. 약간 혼魂이 나간 상태이고 눈은 이미 TV 속으로 빠져들어가 있습니다. '그렇게 재미있을까?' 옆도 돌아보지 않고 오직 드라마에 몰입하고 있습니다. 그것도 1시간 이상을 말이죠.

'무아지경無我之境!'

내가 없는 지경이란 뜻으로 정신이 한 곳에 빠져 자신을 잊어버리는 경지를 가리킵니다. 집중보다 더 센 몰입沒入의 경지라 말할 수 있죠. 시카고 대학 심리학과 칙센트미하이 교수는 가장 행복한 순간은 몰입된 상태라고 말합니다.

저는 좋아하는 스포츠 경기를 관람할 때 유독 집중하게 되고 몰입하게 됩니다. 경기가 흥미진진할 때는 거의 '무아지경'에 이릅니다. 온 감각기관이 그곳에 쏠리게 되죠. 한쪽에 집중하다 보니 다른 것을 잊게 됩니다. 해야 할 일도, 인간관계에서 벌어지는 나쁜 감정들도 말이죠.

책을 읽을 때도, 사랑하는 사람과 대화할 때도, 드라마나 스포츠 경기를 관람할 때도, 나를 잊고 그 대상에 집중하면 행복감을 느낍니다.

학생 때 풍물을 했던 적이 있었는데요. 풍물을 하다 보면 오직 소리와 동작에 혼연일체가 되어 무아지경의 경지를 체험하게 됩니다. 직접 운동할 때도 마찬가지입니다. 땀이 나도록 운동하고 나면 홀가분하면서 뿌듯한 기분을 느끼게 되죠. 행복감으로 충만하게 됩니다.

무아지경과 관련하여 우리가 한 가지 더 생각해 볼 것은 '무념무상無念無想'의 경지입니다. 무념무상은 모든 생각을 벗어나 마음이 빈 듯이 담담한 상태인데요. 생각 없음, 빈 마음, 텅 빈 허공과 같은 마음입니다. 대상마저 놓아버린 무아의 경지이죠.

그다음 단계는 '무아무불아無我無不我'의 경지가 있습니다. 나 없으매[無我] 나 아님이 없는[無不我] 경지인데요. 나 없으매 모두가 '나'가 되어 전체와 하나가 되죠. 소아小我를 벗어난 대아大我의 경지에 합일하는 모습입니다.

무아지경! 무념무상! 무아무불아!

결국은 '무無'를 체험하는 자리입니다.
원래 없음을 알아 놓고, 없애고, 비우는 공부로 참 나를 찾고 참 행복을 찾으면 좋겠습니다.

○ 원기106년 8월 27일

청정한 마음, 상생의 마음, 공변된 마음

세상을 살아가면서 어떤 마음으로 살면 좋을까요?

정산 종사께서는 세상살이의 모범이 되는 경전인 『세전世典』에서

"태교로부터 열반에 이르기까지
청정한 마음과
상생의 마음과
공변된 마음을
배양하고 활용하는 것이 영원한 세상에
제일 큰 법이 되고 제일 큰 보배가 된다."라고 하셨습니다.

'맞아, 이 마음대로 살면 평생 후회 없고, 가치 있고, 보람된 삶이겠구나.'라는 생각이 들었습니다. 어떤 마음가짐으로 사느냐에 따라 그 삶의 모습이 결정되기 때문에 삶의 모범이 되는 표준은 매우 중요하지요.

청정한 마음은 맑고 깨끗한 마음입니다. 마음이 청정할 때 평안해집니다. 욕심에 물들지 않기 때문에 번뇌와 고통에서 벗어날 수 있습니다. 그 청정한 샘물이 마르지 않아 나를 살리고, 주변을 청정하게 하는 힘이 있지요.

상생의 마음은 서로 살리고 북돋우는 마음입니다. 상대방을 존중하고 배려하게 되죠. 양보하고 나눠주지만, 결코 손해 보지 않고 결국 나도 좋고 너도 좋은 자리이타自利利他가 실현됩니다. 서로 마음을 살리면 기운이 살아나고, 기운이 살아나면 생활이 활기차고 윤택해집니다.

공변된 마음은 치우치지 않고 널리 보는 마음입니다. 내 욕심만 차리고 내 것만 고집하지 않고 널리 이웃과 세상을 살피는 마음입니다. 전체가 평안하고 좋을 때 개인의 행복도 그 가운데서 얻어지게 됩니다. 과정이 공정하고 누구에게나 공평하면 신뢰가 형성됩니다.

청정한 마음!
상생의 마음!
공변된 마음!

평생 이 마음대로 살고 이 마음을 기르고 써야 한다고 하셨는데요. 나 혼자일 때는 청정함을 유지하고, 다른 사람을 만날 때는 상생으로 대하고, 공중의 일을 할 때는 공변된 마음으로 처리하면 좋겠습니다.

아침저녁으로 불어오는 선선한 바람이 우리를 가을 속으로 이끌고 있습니다. 마음이 평안해지고, 주위 인연들과 상생의 꽃이 피고, 기쁘고 보람찬 일들이 가득해지시길 기원합니다.

마지막으로 기쁜 소식 하나 전합니다.
방금 동대문구청으로부터 '이문교당 건축 허가'가 떨어졌습니다.

"와~~~ 짝! 짝! 짝!"

오랜 시간 동안 많은 분의 기도와 노력의 결과물이라 생각합니다. 함께해주심에 깊이 감사드리고 신축 불사가 완성될 때까지 더욱 정성 다하겠습니다.

감사합니다.

○ 원기106년 9월 3일

버스는 떠나고

120번 버스를 하루에 두 번 탑니다.
저녁 무렵, 비는 내리고 한참 동안 기다려도 버스가 오질 않습니다. 보통 7분 간격으로 오는데, 비 오는 날이어서인지 좀 늦나 봅니다.

기다리던 버스가 드디어 왔습니다. 그런데, 이게 뭔 일입니까? 버스에 다가서고 있는데, 버스가 그냥 지나가는 겁니다. 있는 힘을 다해 뛰어가고, 손도 마구 흔들어 봤지만, 버스는 아랑곳하지 않고 매몰차게 떠나가 버렸습니다.

순간, 속으로 'A~c'가 쑥 튀어나왔습니다. 비는 오고, 앞으로 7분 이상을 기다려야 하는데…. 원망심이 솟구쳐 올라왔습니다. '뭐, 저런 버스 기사가 다 있어! 씩씩.'

그래도 마음이 바로 돌려지더군요. 비 오는 날 기사님이 손님을 못 봤을 수도 있고, 내가 더 적극적으로 버스 타겠다는 신호를 보내지 않았을 수도 있고. 버스는 이미 떠났고, 불러 봐도 원망해 봐도 소용없는 일입니다. '그래, 좀 기다렸다 다음 차 타지. 뭐.'

다행히 2, 3분 후에 바로 다른 버스가 오더군요. 생각해 봤습니다. '아, 그 기사님은 비로 인해 배차 시간이 지나서 그랬나 보다.' '그래, 이번에 버스를 놓쳤다고 해서 지금까지 나를 안전하게 태워주신 기사님을 욕할 수는 없지.'
이렇게 생각을 돌리고 나니 금세 편안해졌습니다.

정산 송규 종사께서는
"한 부분의 해를 받았다 하여 큰 은혜를 모르고 원망하는 것은 한 끼 밥에 체했다 하여 밥을 원수로 아는 것 같으니라."라고 하셨습니다.

다음에는 더 주의해야겠다는 생각도 들었습니다. 한편, 떠난 버스를 보면서 이런 말이 떠올랐습니다.
'버스 떠난 뒤에 손들어봐야 소용없다.' 보통 기회와 때를 놓치지 말라는 뜻인데요. 한편으로는 지난 일에 얽매이지 말라는 뜻이기도 합니다.

지내고 보면 그런 생각이 들더군요.
'그렇게 아등바등할 필요가 없었는데.' '이번에 안 되면 다음에 하면 되지. 뭐.' '끝장을 보려 하고, 끝까지 따질 것도 아니구나.' 좀 더 여유롭게 다음을 기약하는 거죠. 이번 버스는 떠났지만, 다음 버스가 꼭 오리라는 믿음을 가지고 말이죠.

비 오는 날, 버스를 놓쳐 좀 속상하고 원망이 나왔지만, 오늘 같은 배움과 작은 깨달음을 주심 또한 감사한 일입니다. 잠깐 요란한 경계에 끌렸지만 바로 자성의 정定을 세우게 된 공부심을 확인한 것도 은혜입니다.

공부시켜 주신 버스 기사님! 감사합니다.
매일 안전한 운행을 해 주셔서 감사합니다.
○ 원기106년 9월 10일

국화꽃 당신

국화 화분 하나를 샀습니다. 꽃집 앞에 내놓은 국화가 참 예뻐 보였습니다. 노랑, 하얀, 보라색 등. 활짝 핀 국화와 아직은 앙증맞게 꽃망울을 맺고 올라오는 그 모습들이 생동감 있게 느껴졌습니다. 가을 분위기가 제대로 나더군요.

아파트 거실 햇볕 좋은 쪽에 화분을 두었습니다. 며칠이 지나니 꽃망울들이 터지기 시작하더군요. 막 피어나기 시작한 꽃과 아직은 단단하게 망울지어 있는 모습들이 진녹색의 국화잎과 조화를 이뤄 보는 것만으로도 기쁨을 줍니다.

조급함이 생기더군요. '왜 이렇게 늦게 피는 거야.' 제 마음속에 활짝 핀 꽃을 보고 싶었던 모양입니다. 물도 더 주고 햇빛과 바람이 좋은 곳에 내놓아도 봅니다. 아무리 제 맘이 급해도 꽃잎을 억지로 필 수는 없습니다. 꽃피는 것도 때가 있으니 어느 정도는 기다림의 미학이 필요할 테니까요.

미당 서정주 시인이 노래했던 "한 송이의 국화꽃을 피우기 위해 먹구름 속의 천둥도 소쩍새의 울음"도 필요하지 않아 보입니다. 따뜻한 가을 햇빛과 선선한 바람과 목을 축일 수 있는 적당한 물주기면 됩니다. 그리고 매일 제가 보내는 사랑의 눈빛이 필요하겠지요.

식물을 기르고 꽃을 피우는 것은 생명을 마주 대하는 숭고한 손길입니다. 자연의 조화와 인간의 정성이 함께하는 협업이죠. 하늘과 땅과 사람이 함께 하는 공사公事입니다.

내일은 오늘보다 더 활짝 핀 모습으로 저에게 인사를 하겠지요. 저 또한 반가운 마음으로 인사를 건네겠습니다. 그리고 생명의 경이로움에 감탄하겠습니다.

"노아란 네 꽃잎이 피려고
 간밤에 무서리가 저리 내리고
 내게는 잠도 오지 않았나 보다."

국화꽃 당신을 찬미讚美합니다.

○ 원기106년 9월 17일

스트레스[stress]를 받으면

매일 손님을 상대해야 하는 어느 교도님이 이런 질문을 받았다고 합니다.

"스트레스를 받으면 어떻게 푸세요?"
"네, 저는 좌선을 합니다."
"좌선을 통해 마음의 안정과 삶의 활력소를 얻습니다."

사람이 살아가면서 스트레스를 안 받을 수 없습니다. 특히 인간관계에서 받는 스트레스는 풀지 않고 쌓아두면 몸과 마음에 병이 되기 쉽습니다.

라자루스[Lazarus]는 스트레스를 "인간이 심리적 혹은 신체적으로 감당하기 어려운 상황에 부닥쳤을 때 느끼는 불안과 위협의 감정"이라고 정의했습니다.
저 같은 경우 스트레스를 받으면 바로 몸에서 반응이 오더라고요. 가슴이 답답하고 소화가 안 되는 그런 증상입니다. 사과를 먹는데도 단맛이 아니라 쓴맛이 나더군요.

저마다 스트레스 해소법이 있을 텐데요.
제가 생각하는 몇 가지를 소개하고자 합니다.

첫째, '생각의 전환'입니다.
똑같은 상황인데도 어떻게 생각하고 어떻게 받아들이느냐에 따라 많은 것들이 바뀌게 됩니다. 부정적으로 받아들이면 질병이 되지만 긍정적으로 받아들이면 생산적이고 행복할 수 있습니다. 긍정, 은혜, 감사의 메시지를 계속 보내는 것이 중요합니다.

둘째, '분위기 전환'입니다.
스트레스에 갇혀 있거나 빠져 있으면 위험합니다. 신선한 공기로 리프레쉬[refresh, 재충전]하면 기분이 좋아집니다. 여행하면서 자연을 접하는 것도 좋고, 맛있는 음식을 먹으면서 기분 전환을 하는 것도 좋습니다. 요즘 상황으로는 좀 어려울 수도 있지만 신나는 영화를 한 편 보는 것도 좋을 듯합니다.

셋째, '대화가 필요'합니다.
혼자만 고민하지 말고 맘 터놓고 얘기할 수 있는 사람을 만나는 것이 중요합니다. 가슴에 응어리가 되지 않도록 속에 있는 말을 풀어내면 시원함을 느끼게 됩니다. 또한 그분을 통해 스트레스 감옥에서 빠져나올 수 있는 지혜를 얻을 수도 있습니다.

넷째, '원인을 발견하여 해결'하는 것입니다.
스트레스를 일시적으로 해소할 수는 있습니다. 그런데, 그 원인이 제거되지 않으면 또다시 그 상황에 부닥치게 되고 악순환이 반복되겠지요. 고민거리가 많으면 자연 스트레스도 늘어납니다. 일을 줄이고, 생각거리를 줄여 내가 감당할 만한 수준으로 만드는 것이 중요할 것 같습니다.

그리고 마지막으로 비법 하나 더!
'신나게 목탁을 치며 염불하는 것입니다.'
두드리고 소리치면 우선 당장 효과를 볼 수 있습니다. 적당한 스트레스는 행복한 생활의 필수조건임을 잊지도 말아야 합니다.

○ 원기106년 9월 24일

깨달음은 행복

월간《원광》10월호에 사단법인 '맑고 향기롭게' 이사장 덕조 스님의 인터뷰 기사가 실렸더군요.
덕조 스님은 '상좌는 두지 않겠다.' 하신 법정 스님이 받아들인 첫 제자입니다.

인터뷰 끝에 스님은 이렇게 말합니다.

"저는 '깨달음'의 현대적 표현이 '행복'이라고 생각해요."

어렵게 느껴질 것 같은 '깨달음'이 '행복'이라는 쉽고 포근한 말로 다가오더군요.

깨달음을 얻고자 하는 사람은 많지 않습니다. 행복은 누구나 다 원하는 것이고요. 깨달음은 어려운 것이고, 높은 차원의 것이라 아무나 이룰 수 없는 것으로 생각합니다. 행복은 정도와 크기의 차이는 있지만, 어느 사람이라도 이룰 수 있다고 생각하죠.

'깨달음은 행복'

이 등식이 성립하기 위해서는 깨달음을 쉽게 이해하고 실천할 수 있어야 하겠지요.

'깨닫다'라는 단어의 뜻은 "사물의 본질이나 이치 따위를 생각하거나 궁리하여 알게 된다."이더군요. 뭐, 어렵게 생각할 것이 아니라 뭔가 새롭게 알게 된 것이 바로 '깨달음'입니다.

새롭게 발견함의 기쁨이 있고, 그것이 행복의 출발이 되기도 하고, 그 자체가 행복함을 느끼는 순간이기도 합니다. 잘못한 것을 깨닫는 것도 옳음과 행복으로 나아가는 시작이지요.

아는 만큼 보인다는 말이 있죠. 그런데 아는 만큼 행했을 때 내 것이 됩니다. 깨달음은 결국 행동으로 나타날 때 참된 깨달음이 되지요. 진정한 행복은 내가 찾는 것이고, 내 것이 되는 것입니다.

불단에 놓인 호접란이 눈에 들어왔습니다. 시들어 말라버린 꽃송이 2개를 떼어 냈습니다. 그 옆에 있는 꽃들은 아직도 싱싱한데 유독 그 자리에 있는 꽃들만 시들어 버렸습니다.

같은 뿌리에 같은 줄기인데도 일찍 피어나는 꽃과 일찍 시드는 꽃이 있습니다. 호접란의 생사 이치가 확연합니다. 꽃이 피면 반드시 진다는 사실은 변함없지만, 꽃의 크고 작음, 피어남과 짐이 다 다르다는 사실을 말이죠. 우리 인간의 생사도 마찬가지일 겁니다.

이 작은 깨달음도 우리가 일상에서 느낄 수 있는 행복의 순간입니다. '아, 그렇구나.' 이미 알고 있던 것도 새롭게 느껴지고 전혀 몰랐던 것을 알게 될 때는 더 큰 기쁨과 행복이 되지요.

'깨달음은 행복.'

진정한 행복, 영원한 행복을 찾는 행복자가 되시길 기원합니다.

○ 원기106년 10월 1일

끝까지 구하라

이문교당이 드디어 다음 주 16일 토요일에 신축기공식을 합니다. 오랫동안 염원했던 일이 천지, 부모, 동포, 법률 님의 하감과 응감 속에 이제 첫 삽을 뜨게 되었습니다.

교당 신축 소식을 어렴풋하게 알고 계시는 분들이 만나면 저에게 이렇게 묻곤 했습니다.

"교당은 얼마나 지었어요?"
"아직 삽도 못 떴습니다."

응원해 주시는 분들에게 죄송했고, 신축을 간절히 염원하는 교도님들에게는 더욱더 죄송했습니다.

천일기도도 이제 1,000일을 향해 가고 있고 임시 교당으로 이사한 지도 20개월이 다가오고 있는데요. 그동안 주임 교무로서 신축 기공에 대한 조바심이 났었습니다.

교당의 원로 교도님께서 이렇게 말씀하시더군요.

"교무님! 너무 걱정하지 마세요. 불사佛事는 되게 되어 있습니다."

큰 힘이 되고 용기를 얻었습니다. 일심합력一心合力으로 함께 하면 모든 것이 잘될 거라 확신합니다.

신축기공식이 결정되면서 가장 먼저 떠오른 법문이 있었습니다. 대산 김대거 종사님의 '세 가지 되어지는 진리'입니다.

1. 끝까지 구하라. 얻어지나니라.
2. 진심으로 원하라. 이루어지나니라.
3. 정성껏 힘쓰라. 되나니라.

이제 다시 새로운 마음으로

끝까지 구하겠습니다.
진심으로 원하겠습니다.
정성껏 힘쓰겠습니다.

그동안 염원해 주시고
합력해 주신 모든 분께 감사의 인사 올립니다.

"감사합니다! 감사합니다! 감사합니다!"

○ 원기106년 10월 8일

셋,
가을에 물들다

이문교당 신축기공식

내일(토) 이문교당 신축기공식이 열립니다.
요즘 행사 준비로 바쁜 시간을 보내고 있는데요. 이것저것 챙겨야 할 것들이 참 많습니다. 내빈 의자 이름 스티커 붙이는 작은 일부터 행사 진행 전반에 이르기까지 원만한 식 진행이 될 수 있도록 모든 일을 기쁜 마음으로 준비하고 있습니다. 매일 아침 행사 당일 일기예보를 점검하는 것도요.

교당을 짓는다는 것! 많은 분의 염원과 합력이 있어야 가능한 일입니다. 교당은 종교 건물이기에 편리, 기능, 아름다움, 경건, 성스러움 등이 복합적으로 어우러져야 하지요. 그런 교당이 되도록 노력했고, 앞으로도 그 뜻을 담아낼 겁니다.

교당에서는 매일 이렇게 기도합니다.

"자비로운 법신불 사은이시여!
앞으로 마련될 교당은
일원의 둥그신 빛 아래 편리하고 아름다우며,
성스럽고 은혜로운 교당이 되게 하여 주시옵소서.
누구든지 오고 싶고, 머물고 싶으며,
마음의 평화를 얻고 사은에 보은하는 마음이 샘물처럼 솟아나

나날이 진급하고 은혜가 넘치는 낙원 교당이 되도록 인도하시옵소서."

이문교당이 그리는 신축 교당의 청사진인데요. 이제 이 기도가 현실이 되고 꿈같은 일들이 우리 눈 앞에 펼쳐지길 기도합니다. 많은 분의 기도 정성과 합력이 있기에 앞으로도 더 분발하고 정성을 모으겠습니다.

감사합니다.

○ 원기106년 10월 15일

국수 한 그릇의 행복

저녁 식사 후 산책길에 우연히 한 간판이 눈에 들어왔습니다.
'○○국수'
'아, 저 국수 한 그릇 먹고 싶다.'
저도 모르게 맘속에 점을 찍어 두었습니다.
저 집을 한번 가 봐야겠다고 말이죠.

그다음 날, 점심시간.
아니나 다를까, 잊지도 않고 바로 국수 생각이 났습니다.
'그래, 국수를 먹으러 가자.'
마음이 약간 설레기까지 했습니다.

이른 시간이었지만
가게 안에는 사람들이 꽤 들어차 있었습니다.
동네 맛집이었나 봅니다.
혼자 먹을 수 있는 자리에 앉아 주문했습니다.

"멸치국수 한 그릇 주세요."

처음 방문한 식당이라 그런지
국수 나오기까지 기다리는 몇 분의 시간이 꽤 낯설었습니다.

혼자라서 더 그런 것이겠지요.

곧이어 따뜻한 국수 한 그릇이 나왔습니다.
먹음직스러운 생김치와 무채 나물까지.
국수에 파 송송 썰어진 간장을 약간 끼얹었습니다.
군침이 돌았습니다.

젓가락으로 한번 휘돌려 크게 뭉친 뒤 입으로 가져갑니다.
입안 가득히 넣고 몇 번의 오물오물로
한 젓가락의 국수가 금방 목구멍으로 넘어갑니다.

급한 젓가락질로 몇 번 먹다 보니
벌써 국수가 반절이나 동이 났습니다.
'아, 김치가 있었지.'
생김치를 국수에 얹어 먹으니 그 맛이 또한 일품입니다.

국수 면이 차츰 바닥을 보이고
이젠 국물을 마실 차례입니다.
시원한 멸칫국물이 한숨에 넘어갑니다.
그릇 밑바닥에 깔린 국수 몇 가닥도 마저 먹습니다.
'아, 맛있게 잘 먹었다.'

'국수 한 그릇의 행복!'

먹고 싶었던 것을 맛있게 먹으면 그게 행복이지요.
일상의 행복
소소한 행복
가까이에서 내가 얻을 수 있는 행복
작지만, 소중한 행복의 모습들입니다.

다음엔, 혼자가 아니라
누군가와 함께 먹는다면 그 행복이 더 클 것입니다.
혼자여도 좋고 둘이면 더 좋은 거지요.
보고 듣고 생각하는 모든 것들이 행복이면 좋겠습니다.

○ 원기106년 10월 22일

가을에 물들다

가을이 깊어져 갑니다.
깊은 만큼 색깔도 참 깊고 곱습니다.

가을이 익어갑니다.
익은 만큼 열매도 크고 풍성합니다.

고개를 들어 하늘을 봅니다.
끝 간 데 없이 높고 푸른 하늘에 내 마음마저 맑고 푸르렀습니다.

지인이 단감을 보내왔습니다. 가을의 단맛이 꽉 들어차 아삭아삭 씹는 소리가 온몸을 전율케 합니다.
단풍 구경을 갔습니다. 자연의 캔버스에 색 물감을 흩뿌려 놓은 듯 황홀감에 감탄이 저절로 나왔습니다.

멀리 갈 것도 없습니다. 외대 캠퍼스가 노랗게 물들어 가는 은행잎과 아파트 공원의 느티나무가 이 가을을 제대로 멋들어지게 물들이고 있습니다.

깊어지는 이 가을
나는 어디에 어떻게 물들까?

대산 김대거 종사의 일여선가—如船歌가 떠올랐습니다.

"고요한 밤 홀로 앉아 마음 고향 찾아가니
뜬구름도 자취 없고 바람조차 흔적 없네.
맑고 밝은 강물 속에 둥근달로 벗을 삼아
걸림 없는 일여선—如船에 이내 한 몸 넌짓 싣고
오고 감도 한가로이 두리둥실 가오리라."

참 나를 찾고 마음 달을 사모하기에 좋은 계절입니다. 깊어지고 익어가고 물들어가는 이 가을을 맘껏 사랑합니다.

10월이 곧 가기 전에
〈10월의 어느 멋진 날에〉를 나지막이 불러봅니다.

"눈을 뜨기 힘든 가을보다 높은
저 하늘이 기분 좋아
~ ~ ~
네가 있는 세상 살아가는 동안
더 좋은 것은 없을 거야

10월의 어느 멋진 날에"

그리움도 하얗게 물들어 갑니다.

○ 원기106년 10월 29일

○○에 미치다

'미치다'라는 단어는 크게 두 가지 의미가 있습니다.
욕설로서의 '미친'은 정신이 나간 상태이고요. 열정, 몰두의 의미로 '미치다'를 쓰기도 합니다.
어떤 단어를 목적어로 쓰느냐에 따라 그 의미가 달라지지만, 확실한 것은 '미치다'라는 표현은 매우 강력한 표현이라는 것이지요.

사랑에 미치다.
골프에 미치다.
돈에 미치다.
일에 미치다.
축구에 미치다.

그 대상이 무엇이든 간에 미치면 그것밖에 보이지 않습니다. 온 정신을 집중하고 몰두합니다. 식음을 전폐하기도 합니다. 무서울 정도로 빠짐의 상태가 됩니다.

제가 요즘 관심 두고 보는 TV 프로그램이 있습니다.
SBS 〈골 때리는 그녀들〉인데요. 여자 연예인들이 펼치는 축구 경기입니다. 기술을 떠나서 열정 하나만큼은 최고입니다. 열정 넘치는 그녀들의 모습이 너무 매력적으로 보입니다.

최근에 국악인 송소희 양이 신생팀 멤버로 합류하게 되었는데요. 그녀의 인터뷰에 "제가 축구에 미친 거 같아요."라는 말을 하더군요. 모든 스케줄을 축구에 맞춘다고 합니다. 축구선수가 아닌 국악인인데 말이죠. 그만큼 열정이 대단하다는 것이지요.

"그 사람, 지금 ○○에 미쳤어."

무언가에 미쳐야 이룰 수 있습니다. 성공한 사람은 반드시 자기 분야에 미친 사람일 것입니다. 특히 젊었을 때는 자기 열정을 그 무언가에 쏟아부어야 할 시기입니다.

난 지금까지 무언가에 미쳐본 적이 있는가? 열심히 정도는 했지만 미친 듯이 내 모든 것을 쏟아부어 본 일은 없는 것 같습니다. 그래서인지 지금의 평범, 안정, 적당한 나의 모습을 가꿔 온 것이지요.

"○○에 미치다."

지금 나는
저 빈칸에 어떤 단어를 넣을 수 있을까요?
저 빈칸에 어떤 단어를 넣고 싶으세요?

○ 원기106년 11월 5일

보림공부 保任工夫

보조 국사가 지은 『수심결修心訣』에 다음의 대화 내용이 나옵니다.

한 수행자가 귀종 화상을 찾아와 묻습니다.
"무엇이 부처이오니까?"
화상이 이르시길
"내가 지금 네게 알려 주고자 하나 네가 믿지 아니할까 염려하노라."
수행자가 말하되
"화상의 진실하신 말씀을 어찌 감히 믿지 아니하오리까."

화상이 말하되
"곧 네가 부처니라."
수행자가 말하되
"어떻게 보림 공부를 하오리까?"
화상이 말씀하시되
"한 티끌이 눈에 있으매 허공 꽃이 요란하게 떨어지느니라."
수행자가 이 말을 듣고 크게 깨달았다.

보림은 보호임지保護任止의 준말로 수행인이 진리를 깨친 후에 안으로 자성이 요란하지 않게 잘 보호하고 밖으로 경계를 만나서 끌려가지 않게 잘 멈추는 공부를 말합니다.
이는 수양 공부로 마음을 늘 멈추고 맑히는 공부를 말합니다. 육조六祖 혜능 스님도 깨달음을 얻은 후 16년간 묵언안식黙言安息 보림 공부를 하셨다고 합니다.

수행자에게만 보림 공부가 필요한 건 아닙니다. 무언가를 성취한 사람의 경우 안으로 자신을 살피고 조심해야 합니다. 조금 이뤘다고, 조금 알았다고 과시하고, 내세우고, 함부로 쓰면 금세 바닥이 납니다. 자족自足하면 큰 공부를 못 하고 큰 사람이 되지 못합니다.

분별과 시비를 놓고, 보고 듣는 것에 청정심을 기르는 것이 필요합니다. 다만, 마음 부처를 보아 스스로 돌아가 귀의합니다. 고요한 정定 속에 시방을 두루 비출 혜慧가 솟아납니다.

가을이 저물어 가는 만큼 천지자연은 보림함축保任含蓄의 시간에 들어갑니다. 모든 것을 다 떨구고, 놓고, 본래 자리로 돌아갑니다. 수행자가 부처의 마음으로 돌아가듯 자연은 모든 기운을 거두어 뿌리에 저장합니다. 뭉치고 또 뭉쳐야 큰 힘이 됩니다.

"당신이 바로 부처입니다."

어떻게 보림 공부를 할까요?

한 티끌도 없는, 맑고 깨끗한 자성自性 부처님께 귀의歸依합니다.

법신청정본무애法身淸淨本無礙!
부처님은 청정하여 본래 걸림이 없습니다.

○ 원기106년 11월 12일

천일기도의 염원念願을 이어

반갑습니다. 11월 19일, 오늘은 이문교당 신축 불사 천일기도 회향일입니다.
벌써 천일이 흘렀습니다. 많은 분의 염원이 함께 한 불사이기에 한 걸음 한 걸음 정성을 다해 나가고 있습니다.

내 맘처럼 되지 않는 것이 건축이더군요. 하늘과 땅이 도와줘야 하고 모든 것이 때가 맞아야 이루어짐을 체감하고 있습니다. 지난 10월 17일 신축 기공식을 올렸고 지금은 기초공사를 위한 터 파기를 하고 있습니다.

건축 현장에 매일 출근하듯 가보곤 합니다. 아직은 멀어 보이지만 완공 후 멋진 모습을 기대하면서, 두 손 모아 기도를 올립니다. 안전하고 튼튼하게 지어지고 예정대로 순조롭게 건축이 이루어지길 말이죠.

1,000일이 되었지만, 교당 신축은 아직 완성되지 않았습니다. 우리의 기도 정성이 더 모여야 하는가 봅니다. 그래서 기도는 앞으로도 계속될 것입니다. 건물을 완공하고 봉불식을 하는 그날까지 말이죠.

매일 기도 올리는 기도문 일부를 올려드립니다.

"자비로운 법신불 사은이시여!
앞으로 마련될 교당은
일원의 둥그신 빛 아래 편리하고 아름다우며,
성스럽고 은혜로운 교당이 되게 하여 주시옵소서.
누구든지 오고 싶고, 머물고 싶으며,
마음의 평화를 얻고 사은에 보은하는 마음이 샘물처럼 솟아나
나날이 진급하고 은혜가 넘치는
낙원 교당이 되도록 인도하시옵소서.

지역 주민들에게는
기쁨과 슬픔을 함께하는 넓은 자비의 품이게 하시며,
교당에서 울려 퍼지는 기도 소리와 독경 소리에
모든 사람이 정신의 안식을 얻고
마음의 때를 씻어내는 청정 도량이게 하옵소서."

천일기도의 염원!
한 기운, 한 마음, 한뜻으로 염원하겠습니다.

그동안 보내주신 관심과 성원에 감사드리며,
앞으로도 신축 불사의 성공과
축원인들의 출생·건강·대입·취직·결혼·진급·쾌유·천도·사업 번영 등 각자의 소망들이 뜻과 같이 이루어지기를 정성 다해

기도 올리겠습니다.

모쪼록 추워지는 날씨에
건강 유의하시고 지혜와 복이 충만해지시길 기원합니다.
○ 원기106년 11월 19일

터파기 공사

요즘 저희 교당 신축은 터파기 공사가 한창입니다. 4m 정도의 지하를 파다 보니 우여곡절 속에 흙막이 설계를 해야 했고, 공사 안전을 위해 빔을 박고 흙막이판을 설치했습니다. 보이지 않는 땅속을 실제 파보니 예상치 못한 흙 무너짐이 생겨 그럴 수밖에 없었습니다.

이런저런 이유로 공사가 지연되었습니다. 그래도 안전을 최우선시해야 하는 건축 현장이기에 좀 늦어도 정석으로 가기로 했습니다. 시간과 비용이 더 들지만 안전하고 튼튼한 집을 짓기 위한 필수 과정이라 생각해 봅니다.

건물을 짓기 위해서는 무엇보다 기초를 튼튼하게 해야 하죠. 기초가 부실하면 위에 아무리 멋진 집을 지었어도 언제 무너질지 모르는 위험에 처하게 됩니다. 터파기 공사는 기초를 하기 위한 선제 작업에 해당합니다.

교당 터파기 공사 현장을 지켜봤습니다. 땅을 파 내려갈수록 단단한 흙이 나오더군요. 보통 생땅이라고 하는데요. 그 단단함의 정도에 따라 위로 받치는 건물의 무게를 견딜 수 있다고 합니다. 다행히 교당 부지는 풍암이 자리하고 있어 지내력地耐力에는 아무런 문제가 없을 거라 합니다.

집터, 교당 터….
터를 어느 곳에 자리 잡느냐가 매우 중요하죠. 위치뿐만 아니라 지형도 땅의 명당을 판가름합니다. 우리네 삶의 터전도 마찬가지일 것입니다. 어디에 위치하고, 어떤 사람과 인연 하느냐에 따라 그 사람의 삶은 달라질 수 있습니다.

땅도 겉 땅이 있고 속 땅이 있듯이, 사람도 겉 사람이 있고 속 사람이 있는 것 같습니다. 겉으로는 반듯해 보이지만 속을 파보면 무르고 약한 사람이 있고, 겉으로는 허술해 보이지만 속을 들여다보면 단단하고 강한 사람이 있습니다. 작고 낮은 집밖에 못 지을 사람이 있고, 크고 높은 집을 지을 사람도 있다는 것이지요.

앞으로 신축되는 교당이 교도님들에게는 행복한 신앙생활의 터전이 되고 지역 주민들에게는 모두가 함께 즐기는 낙원의 쉼터가 되면 좋겠습니다. 터파기 공사가 잘 되어 튼튼한 기초 위에 멋진 교당이 지어지길 기도합니다.

○ 원기106년 11월 26일

쓰레기 분리수거

매주 수요일은 아파트 분리수거일입니다. 각 가정에서 일주일 동안 모아두었던 생활 쓰레기가 각 동 앞마당에 수북이 쌓입니다. 우리 집도 예외는 아닌데요. 일회용품과 택배 사용이 늘어나다 보니 배출량이 많아집니다.

쓰레기를 더 이상 쌓아둘 곳이 없어 지자체마다 골치를 앓고 있고 무분별한 소비에 따른 환경문제도 심각합니다. 최대한 재활용할 수 있도록 쓰레기 분리에 최선을 다하는 이유입니다.

우리들의 마음 쓰레기를 생각해 봅니다. 마음도 자주 쓰다 보니 쓰레기가 발생합니다. 큰 포장지도 있고, 가볍게 쓰고 버리는 일회용 용품도 있죠. 담아두기도 하고, 쌓아두기도 하고, 그냥 허비하는 마음도 있습니다.

마음 쓰레기 분리수거는 잘하고 계시는가요?

내 마음의 방에 쓰레기를 그냥 놔둘 수는 없습니다. 아무 데나 두고 보면 마음의 공간이 계속 줄어들게 되고 오랫동안 방치하면 악취가 나게 되죠. 사용했으면 그때그때 잘 처리해 두는 것이 상수입니다.

중요한 것은 마음 쓰레기도 잘 정리해서 버려야 한다는 거죠. 상자, 종이, 플라스틱, 비닐류로 정리하듯 욕심으로 생긴 쓰레기, 화남으로 생긴 쓰레기, 어리석음으로 생긴 쓰레기를 잘 구분하고 잘 버릴 준비를 해야 합니다. 물론 재활용이 가능한 건 최대한 활용을 해야겠지요.

마음 쓰레기는 사용하자마자 바로 버리면 좋겠지만 최소한 일주일에 한 번씩은 분리해서 버릴 필요가 있습니다. 등산이나 운동을 통해 버릴 수도 있고요. 좋은 벗들과 오붓한 만남을 통해 버릴 수도 있습니다. 제가 권하는 최고의 수거처는 교당, 절, 성당, 교회 등을 찾아 마음 청소를 하는 것입니다.

명상과 기도를 통해 스스로 쓰레기를 처리할 수도 있고, 좋은 설교와 마음을 열어주는 상담을 통해서도 가능합니다. 깨끗한 마음 방을 가꾸고자 하는 내 의지에 달려 있습니다.

매주 일요일은 마음 쓰레기 분리수거일입니다.

○ 원기106년 12월 3일

여유 餘裕

시험을 마친 원준이가 많이 여유가 생겼습니다. 표정도 밝아졌고, 말수도 많아졌고, 가끔 애교도 부립니다. 물론 합격의 기쁨과 영광이 있었기에 가능한 일이겠지요. 원준이를 바라보는 저도 더불어 여유가 생겼습니다.

한 치의 여유도 없이 쫓기듯 살아가는 사람들이 있습니다. 각박하게 보이고 숨 쉴 틈도 없어 보입니다. 날카롭고 모든 것에 과민하게 반응합니다. 저렇게 살다가는 언제 쓰러질지 모르겠다는 걱정이 앞섭니다.

생활의 여유, 경제적 여유, 마음의 여유.
이 중에서 가장 시급하고 중요한 건 마음의 여유이지요. 넉넉하고 느긋한 마음이 필요합니다. 오히려 바쁘고 힘든 일일수록 마음의 여유가 중요합니다. 준비가 충분한 사람은 마음에 여유가 있습니다.

마음에 여유가 있으면 더 넓게, 더 멀리, 더 깊이 생각할 수 있습니다. 내 앞가림만 하지 않고 주변을 두루 챙길 수 있습니다. 일을 당해서 당황하지 않고 순서 있게 할 수 있습니다.

일을 하기 전에 잠깐의 여유를 갖고
말을 하기 전에 잠깐의 여유를 갖고
어떤 결정을 하기 전에 다시 한번 여유를 가질 때
이러한 여유들이 축적되면 풍성한 여유를 지니게 됩니다.

결국 마음을 키워야 여유가 생깁니다. 작은 그릇은 금방 넘쳐흐르지만, 큰 그릇은 항상 여유가 있습니다. 그릇을 키우기 위해 선을 하고, 기도하고, 명상합니다.

다정한 벗과 차를 한 잔 마실 수 있는 여유,
가족과 단란하게 행복한 식사를 할 수 있는 여유,
늦가을의 앙상한 가지를 바라보며 자연의 변화를 감상할 수 있는 여유,
아름다운 시집의 시어들을 음미해 볼 수 있는 여유,
생활 속에서 찾아볼 수 있는 여유로운 시간입니다.

여유는 비워두는 것이고 남겨놓은 것입니다.
여유가 있어야 앞으로 나아갈 수 있습니다.
오늘이 그런 날이면 좋겠습니다.

○ 원기106년 12월 10일

과일 행상 할아버지의 독서

교당 주변 골목에서 과일을 파는 할아버지가 계십니다. 트럭 위에 가판을 마련하고 과일을 한 바구니씩 담아 놓고 파는 과일 행상입니다. 이리저리 옮겨 다니긴 하지만 그 범위가 외대 역 주변 골목입니다.

이분에게는 특별한 것이 있는데요. 항상 손에서 책이 떠나지 않는다는 것입니다. 지나다니면서 수없이 그분을 뵈었는데 그때마다 과일 파는 것보다 독서에 열중하고 계셨습니다. 과일이야, 손님이 사면 팔고 안 사면 그만이라는 식입니다. 날씨가 추운 요즘에도 마찬가지입니다.

어제는 그 할아버지를 물끄러미 바라보았습니다. 여전히 독서삼매에 빠지신 듯 보였습니다. 겉으로 보이는 행장은 좀 누추해 보여도 속 알맹이는 꽉 차 보이는 아름다운 모습입니다. 한가하고 넉넉한 도인의 모습입니다.

사람의 인격은 겉모습만 가지고 판단해서는 안 됩니다. 말과 행동이 무르익어야 참된 인격의 모습입니다. 행상 할아버지의 인격 면모는 잘 알 수 없지만, 책을 꾸준히 읽는다는 것만으로도 그분이 가진 정신의 알맹이를 가히 짐작해 봅니다.

예전엔 지하철이나 버스에서도 책을 읽는 분들이 꽤 있었는데, 요즘은 찾아보기 힘듭니다. 거의 스마트폰을 들여다보는 모습들을 보게 됩니다. 디지털 활자 시대이기 때문일 텐데요. 종이에 박힌 글자와 책이 주는 여백의 미, 그리고 책장 넘기는 소리가 그리운 시대입니다.

어제보다 날씨가 추워졌습니다.
내일은 더 춥다고 합니다.
코로나 확산으로 인해 마음도 무겁습니다.
앞으로 어찌 될지 걱정도 많이 됩니다.

그래도 우리에겐 늘 지켜주시고 은혜 주시는
법신불 사은님이 계시기에
오늘도 안심하며
나에게 주어진 이 시간에 최선을 다해 봅니다.

○ 원기106년 12월 17일

치과 치료 감상

치과를 다녀왔습니다. 예전에 때운 이가 깨져 신경치료를 하고 덧씌우기를 해야 했습니다. 치과에 가게 되면 왠지 긴장되고 두려움이 앞섭니다. 치료할 때 얼굴 전체를 관통하는 심한 통증 때문입니다.

다행히 제가 요즘 다니는 치과에서는 그런 통증이 없었기 때문에 다소 안심하긴 했지만, 장시간 치과 치료는 보통 곤혹이 아닙니다. 그래서인지 치과에서는 경음악으로 마음을 안정시켜주고 치료 상황을 자세하게 이야기해 줍니다.

의사 선생님께서 말씀하십니다.

"○○○씨! 지난번 치료할 때 안 아프셨죠? 안 아팠을 때만 기억하세요."

네, 맞습니다. 저는 다른 병원에서 심하게 아팠던 기억을 이 병원까지 가지고 와 있었습니다. 그 기억들이 지금까지 저를 지배하고 있었던 거죠. 그때는 그때고, 지금은 지금인데 말입니다.

어리석은 사람은 기억의 지배를 받습니다. 특히 나쁜 기억, 아픈 기억은 오래갑니다. 그런 상황이 오면 나도 모르는 사이에 떠올리죠. 그리고 단정을 짓습니다.
'또 그럴 거야. 그때 그랬으니까.'

모든 것은 변하기 마련입니다. 지난 과거는 돌이킬 수 없고, 사라진 시간입니다. 과거의 기억에 묶여 현재와 미래를 그르쳐서는 안 되는 거죠. 그래도 가능한 좋은 기억만 간직하는 것이 좋습니다.

의사 선생님께서 말씀하십니다.

"왼쪽 치아 마모가 심합니다. 칫솔질을 너무 세게 하고 계시고요. 치실을 잘 사용하지 않으시네요. 앞으로 그렇게 계속하면 충치가 생기고 차례로 이를 치료할 수밖에 없습니다. 치실 사용을 반드시 해주셔야 합니다."

의사 선생님은 다 알고 계셨습니다. 저의 잘못된 양치 습관을 말이죠. 현재의 치아 상태에 저의 모든 치아 정보가 담겨 있습니다. 전문가들은 다 아시는 거죠.

정작 나는 나의 모습을 잘 모를 수 있습니다. 누가 알려줘야 그때야 알아차리기도 합니다. 내 얼굴과 나의 말과 행동이 나의 역사이고 인격입니다. 속일 수도 없고 감출 수도 없습니다. 진리는, 눈 밝은 분들은 단박에 알아보는 거죠.

치과에 다녀온 후 유·무념 조항을 하나 더 추가했습니다.
'양치질 잘하기'
초등학생이 실천해야 할 것인데요. 작은 일이라고 소홀히 할 수 없습니다. 이렇게 해서라도 좋은 습관을 길들여가야 하니까요.

○ 원기106년 12월 24일

참회의 기도

법신불 사은이시여!
지난 한 해를 곰곰이 돌이켜 보니 즐거움도 괴로움도 결국 내가 지었음을 알았나이다.
법신불 사은님 앞에 무릎 꿇고 진실한 마음으로 참회 기도를 올리나이다.

올 한 해 병고에 힘들기도 했으며, 얽히고설킨 인연으로 어려움도 있었으며, 염원하는 일들이 잘 풀리지 않아 초조하기도 했으며, 업장이 두터워 어찌할 줄 모르고 고통스럽기도 했으며, 경계 따라 요란하고 어리석고 그름을 보면서 한없이 작아지기도 하였나이다.

올 한 해 성내고 원망하고 욕심에 물들었던 어리석은 죄업을 깊이 참회합니다.
미리 걱정하고 미리 부정적인 생각을 하여 스스로 힘들게 하고 다른 사람도 힘들게 하였음을 깊이 참회합니다.
나보다 더 잘난 사람을 시기하고 질투하며 못난 사람에 대해서는 무시하고 하시하지 않았는지 깊이 참회합니다.
나로 인해 버거워했고 속상해했고 불편했던 모든 인연을 생각하며 깊이 참회합니다.

한없는 은혜 속에 살면서도 감사하지 못하고 더 사랑하지 못했음에 깊이 참회합니다.
소중한 법연으로 만나 영생을 함께 할 동지들을 세세한 마음으로 챙기지 못했음을 깊이 참회합니다.
이웃과 세상의 아픔을 함께하지 못하고 나 혼자만의 삶에 급급했던 소아주의 이기주의의 삶을 깊이 참회합니다.
몸과 입과 마음으로 알고도 짓고 모르고도 지었을 모든 죄업을 깊이 참회합니다.

법신불 사은이시여!
이 참회의 공덕으로 죄업의 근성이 청정하게 하옵시고, 혜복의 문로가 열리게 되오며, 일체 대중의 앞길에 오직 광명과 평탄과 행복뿐으로써 길이 부처님의 성지에 살게 하여 주시옵소서.

일심으로 비옵고 사배 복고하옵나이다.

○ 원기106년 12월 31일

석별의 정情

만남이 있으면 헤어짐이 있게 마련입니다. 헤어짐은 또한 다시 만날 약속이기에 만나고 헤어짐은 인생사에 자연스러운 일입니다. 그래도 아쉽고 서운함은 어쩔 수 없는가 봅니다.

며칠 전, 출가단회가 있었습니다. 짧게는 3년, 길게는 9년 동안 같은 교화단에서 활동했던 교무님들과 헤어지는 마지막 단회가 있었습니다. 그동안의 고마운 마음을 담아 석별의 정을 나누었습니다.

보내는 사람의 송사와
떠나는 사람의 답사가 오고 갔습니다.
헤어짐의 아쉬움과 함께했던 시간의 고마움을 나누었습니다.

끝날 즈음에 후배 교무님이 노래를 한 곡 하겠다고 합니다.
박수로 청했죠. 곡목은 015B의 〈이젠 안녕〉입니다.

"이제는 우리가 서로 떠나가야 할 시간
아쉬움을 남긴 채 돌아서지만
시간은 우리를 다시 만나게 해 주겠지
우리 그때까지 아쉽지만 기다려봐요

~중략~
안녕은 영원한 헤어짐은 아니겠지요
다시 만나기 위한 약속일 꺼야 함께했던 시간은
이젠 추억으로 남기고 서로 가야 할 길 찾아서 떠나야 해요"

그 노래를 부르던 여자 교무님께서 울먹이더군요. 노래 가사가 전달해 주는 떨림과 진정을 다하여 부르는 교무님의 노랫소리에 모두가 감동되었습니다. 숙연해지고 우리는 함께 눈물을 흘렸습니다.

어떻게 만나고, 어떻게 헤어지는 것이 좋을까요?
예전, 학생 시절에 원불교학과 사감님이셨던 전산 이정택 교무님은 이렇게 말씀하셨지요.

"오는 사람 막지 않고, 가는 사람 잡지 않는다."

인연에 끌리지 않는다는 말씀인데요. 약간 무정無情하게도 느껴집니다. 저도 좀 살다 보니, 이렇게 담담한 인연법이 맞는다고 생각됩니다. 특히 저희 교무들처럼 6년 주기로 인사이동을 할 때는 만남과 헤어짐이 자연적인 일이기 때문입니다.

그래도 헤어질 때는 이렇게 인사하면 좋겠습니다.

"그동안 함께해서 고마웠다고. 당신이 있어 행복했노라고.

당신이 생각나고 그리울 거라고.
우리 다시 만날 날까지 잘 있으라고."

며칠 전 평소 존경했던 교단의 큰 어른이신 보산 고문국 종사께서 열반하셨습니다. 떠나심에 많은 아쉬움과 그리움이 남고 그 동안의 끼쳐주신 공덕과 자애심에 존경과 감사심이 더해집니다.

보산 원정사님!
거래각도 무궁화去來覺道無窮花
보보일체 대성경步步一切大聖經하소서.

○ 원기107년 1월 7일

인간관계 7-2-1 법칙

한 심리학자가 모든 인간관계에는 '7-2-1' 법칙이 있다고 말합니다. 10명 중 7명은 나에게 관심이 없고, 2명은 나를 싫어하며, 1명은 나를 좋아한다고 합니다.

'7-2-1'

이를 절대 법칙이라고 말할 수는 없겠지만 경험적으로 볼 때 어느 정도 고개가 끄덕여지더군요. 나를 싫어하는 사람의 비율은 낮아지고, 나를 좋아하는 사람의 비율이 높아진다면 이런 사람은 원만한 인간관계를 형성한다고 말할 수 있겠지요.

많은 사람이 이런 착각에 빠져 살아갑니다.
나를 다 좋아할 거라고,
나를 싫어할 사람은 한 사람도 없을 거라고 말이죠.

그런데요. 부처님께서도 누군가로부터 미움을 받으셨고, 많은 성자와 철인도 고통 받은 것을 생각해 보면 내가 지금 누군가로부터 미움을 받고 있다는 것은 어쩌면 당연한 일이라는 것이지요.

'누구나 다 나를 좋아하지는 않는다.'

인간관계 '7-2-1' 법칙을 인정하면 마음이 편안해집니다. 무관심하기도 하며 때론 싫어하고 미워하는 사람도 있습니다. 처지 바꿔 나를 돌아보면 딱 맞는 말입니다. 나 또한 좋아하는 사람, 싫어하는 사람이 있고 대부분 사람에 대해서는 무관심하기 때문입니다.

그런데, 문제는 내가 누군가로부터 미움을 받고 있음을 느낄 때입니다. 온통 거기에 내 마음이 끌려 묶여있게 되죠. 그 일로 인해 밤새 잠이 안 오고, 어떻게 이 일을 해결할까, 골머리를 앓게 되지요. 나 또한 그 사람이 미워지고 원수로까지 느껴지니까 말이죠.

온통 미움의 감옥에서 벗어날 수 있는 지혜는 나를 진짜 좋아하는 사람과 그다지 상관없이 무관심한 사람의 비율이 자그마치 7, 8할이 된다는 사실을 인지하는 것입니다. 7, 8할의 여유가 있는데 1, 2의 감옥에 갇혀 괴로워할 일이 절대 아니라는 것이죠.

소태산 대종사님께서는 이렇게 말씀하셨습니다.

"저 사람이 나를 미워하거든 다만 생각 없이 같이 미워하지 말고, 먼저 그 원인을 생각하여 보아서 미움을 받을 만한 일이 나에게 있었거든 고치기에 힘쓸 것이요, 그러한 일이 없거든 전세의 밀린 업으로 알고 안심하고 받을 것이며, 한 편으로는 저 사람이 나를 미워할 때 나의 마음이 잠시라도 좋지 못한 것을 미루어 나는 누구에게든지 미움을 주지 않으리라고 결심하라."

사랑받기 위해서는 내가 먼저 사랑하고
미움받지 않기 위해서는 먼저 남을 미워하지 않아야 합니다.
원만한 인간관계
좋은 인연 관계로
편안한 마음과 행복한 생활 되시길 기원합니다.

○ 원기107년 1월 14일

스스로, 서로, 다 함께 훈련

한 교도님으로부터 전화를 받았습니다.
"교무님! 매일 '일원상 서원문'을 10독 하다 보니 이게 무슨 뜻일까, 라는 궁금증이 생겼어요. 예를 들어 '유상有常으로 보면, 무상無常으로 보면' 인데요. 그 뜻을 알려 줄 수 있나요?"

"교도님! 궁금증이 생겼다는 것은 좋은 일입니다. 궁금해야 알게 되고 깨닫게 되거든요. 그런데, 제가 바로 알려 드릴 수가 없습니다. 스스로 사전도 찾아보고 연마도 해보세요. 그래야 내 것이 됩니다. 그다음에 저에게 물어 확인해 보세요."

올 한 해, 이문교당에서는 매일 '일원상 서원문' 10독 하기를 공부의 목표로 정했는데요. 저까지 27명의 교도님이 함께 참여하고 있습니다. 공부심을 불러일으키고 점검하기 위해 단체 카톡방을 만들어 매일 그 실행 여부를 올리죠. 지금까지는 한 분도 빠짐없이 매일 그 과제를 수행하고 있습니다.

만약, 개인이 알아서 하도록 맡겼으면 제대로 되었을까요? 아마도 어려웠을 겁니다. 빠지는 날도 있을 것이고, 하다가 중단하는 상황도 생기겠지요. 서로서로, 다 함께하므로 시너지 효과가 나고 있음이 분명합니다.

진안 만덕산훈련원의 훈련 표어는 "스스로 훈련, 서로서로 훈련, 다 함께 훈련"입니다. 원불교학과 학생 시절에 만덕산 동선冬禪에 참여하면서 이 표어는 제 가슴속에 자리 잡았습니다. 훈련뿐만 아니라 폭넓게는 우리의 공부와 사업이 다 이렇게 되어야 하지요.

'스스로'는 마음에서 우러나오는 자발성이며, '서로서로'는 서로 도와주는 협력성이며, '다 함께'는 공동의 목표를 달성하는 공동체 의식이라 말할 수 있습니다.

'일원상 서원문 10독 프로젝트'도 스스로, 서로서로, 다 함께하는 훈련이요, 공부입니다. 자력과 타력이 어울려 사반공배事半功倍가 됩니다.

지금까지는, 매일 10독을 하고 카톡방에 올리는 것이 목표였다면 이제부터는 챙기지 않아도 저절로 될 때까지, 글만 외는 것이 아니라 마음에 새기고 실천할 수 있도록까지, 오늘도 우리는 훈련하고 훈련하면 좋겠습니다.

당신의 일상에서 오늘도
일원의 위력을 얻고
일원의 체성에 합하시길 기원합니다.

○ 원기107년 1월 21일

마음에는 평화 얼굴에는 미소

살아있는 부처로 숭앙받았던 베트남의 승려 '틱낫한' 스님이 지난 1월 22일에 열반에 드셨습니다. 인권운동가였으며 평화운동가였던 스님의 96년의 생애는 많은 사람에게 깊은 감동을 주었습니다.

스님을 생각하면 몇 가지 단어들이 떠오릅니다.
'프롬 빌리지', '마음 챙김', '화', '걷기 명상', '마음에는 평화 얼굴에는 미소' 등. 저도 스님의 강연과 책을 읽으며 깊은 울림과 잔잔한 평화를 느꼈습니다. 명상은 쉽고 간단하면서 실천적이어야 함을 배울 수 있었지요.

틱낫한 스님의 가르침을 옮겨봅니다.

"분노가 그대를 찾아왔을 때 호흡으로 돌아가라.
그리고 미소 지으라.
그 미소는 그대의 얼굴을 편안하게 해줄 것이다.
그런 다음 문을 열고 밖으로 나가서 걷는 명상을 할 수 있다.
다시 집으로 돌아올 때 반드시 자연스럽고 부드럽게 미소를 짓고 있어야 한다.
미소를 지을 때 우리는 자신의 분노가 이해와 용서로 변화되었음을 안다."

예전에 학교에서 학생들에게 '걷기 명상'을 지도했던 적이 있습니다.
숨을 들이쉴 때는 '마음에는 평화'를, 숨을 내쉴 때는 '얼굴에는 미소'를 마음속으로 되뇌라고 했죠.
걸을 때도 평화와 미소가 자연스럽게 번지도록 하면 좋습니다.

교도님께서 전화하셨습니다.
지금 배봉산에서 걷기 명상을 하는데, 잘 안된다고 하십니다.

"교도님! 잘하려는 욕심을 내려놓으세요. 그냥, 빈 마음으로 천천히 걸어보세요. 얼굴에는 약간의 미소를 띠고 몸에 집중하면서 천천히 걸으면 마음에 평화가 찾아옵니다."

걷기 명상뿐이겠습니까!
우리 삶에서 욕심을 놓고 집착을 벗어나면 평화가 찾아오고 미소가 자연 번집니다. 붙들고, 잡는 한 괴로움을 벗어날 수 없지요. 그 괴로움은 밖에서 오는 것이 아니라 내 마음 안에서 일어남을 자각할 때 우리의 수행은 시작됩니다.

이문교당 유리창에 새겨있는 글귀입니다.
"멈추고 감사하면 편안하고 행복해집니다."

○ 원기107년 1월 28일

자나 깨나 쉬임 없이

입춘立春입니다. 기온은 영하권이라 아직 실감이 나진 않지만 봄은 이제 우리 곁으로 살짝 다가왔습니다.

"입춘대길立春大吉 건양다경建陽多慶"
봄이 시작되니 크게 길하고 경사스러운 일들이 많이 생기기를 기원합니다.

오늘 아침엔 봄 냉잇국을 먹었습니다. 시골에서 어머니가 노지에서 직접 캔 냉이라 그런지 부드럽고 향긋한 봄 내음이 가득 차 좋았습니다. 자식들을 일일이 챙겨주시는 어머니의 마음은 봄처럼 따스한 마음 그대로입니다.

고민이 있거나 걱정거리가 있으면 그 일이 머리에서 떠나질 않습니다. 심지어 잠자리에서도 그 생각이 이어집니다. 어젯밤에도 그런 일이 있었습니다. 그런데 참 묘한 것이, 꿈속에서 그 고민의 해결책을 찾기도 한다는 것입니다.

'오매불망寤寐不忘'이란 말이 있습니다. 깨어 있을 때나 잠잘 때나 잊지 못한다는 뜻인데요. 사랑하는 사람을 그리워하는 마음이 그렇기도 하고요. 무언가에 골몰하면 오매불망하게 되어 있습니다.

선사禪師는 오매일여寤寐一如로 화두에 몰두합니다.
'이 뭣꼬?'
한결같은 일심이 지속될 때 깨달음의 꽃이 피어납니다. 기도하는 사람은 오매불망寤寐不忘 기도에 매달립니다.
'이루어 주소서.'
구하고 바치는 일심이 뭉치고 뭉쳐 그 원願이 이루어집니다.

원불교 성가, 〈자나 깨나 쉼 없이(염원念願)〉의 가사는 이렇습니다.

"자나 깨나 쉼 없이 님 찾아 헤매온
이 몸을 바치오니 살펴주소서.
~
작정코 향한 걸음 쉬지 않으려니
뜨거운 법력의 빛 내려 주소서."

새봄의 시작입니다.
새 마음으로 다시 챙겨보고 다짐하는 때입니다.
올 한 해
자나 깨나 쉼 없이
내가 서원하고 목표한 그 길을 가면 좋겠습니다.
오매불망, 오매일여의 마음으로 말이죠.

○ 원기107년 2월 4일

아들들을 위한 기도를 마치며

아들들을 위한 저희 부부의 기도를 마치려고 합니다. 작은아들 원빈이가 ○○○ 조형대학 산업디자인학과에 합격했기 때문입니다.
우리가 바라던 최상의 결과는 아니지만 그래도 4년 장학생으로 입학하게 되었으니 다행이고 감사할 일입니다.

첫 기도의 시작이 2018년 1월 1일이었더군요. 원준이는 행정고시 합격, 원빈이는 대입 합격이라는 목표가 있었기에 부모로서 해줄 일은 기도뿐이었습니다. 기도문을 작성하고 매일 기도 식순에 따라 정성껏 기도를 올렸습니다. 매달 아들들의 이름으로 기도 헌공금도 올렸고요.

햇수로는 4년, 날수로는 딱 1,500일입니다. 기도문을 담은 케이스는 위아래 귀퉁이가 닳아 해어졌습니다. 공자님께서는 주역周易을 하도 많이 읽어 대쪽을 엮은 가죽끈이 세 번 끊어졌다는 위편삼절韋編三絶이 떠오르더군요.

원준이는 도전 세 번 만에 원빈이는 삼수를 거쳐 드디어 행정고시 합격, 대학 합격의 영광을 안았습니다. 둘 다 똑같이 삼세번을 거쳤으니, 그 일들이 쉽게 되는 일은 아니었나 봅니다. 남들

일은 쉽게 보이지만, 정작 당사자들이 겪은 그간의 마음고생과 쏟은 노력은 말로 표현하기 어렵지요.

첫 번째 실패, 두 번째 실패… 이어지는 불합격에 절망도 하고 낙담도 했습니다. '이 정도 했으면 나의 기도를 들어주실 때가 되지 않나.' 실망도 하고 푸념도 잠깐 했었습니다. 그래도 '언젠가 응답하시겠지.'라는 믿음은 변하지 않았습니다.

우리의 기도문에는 이런 문구가 있습니다.
"저희는 오직 법신불 사은님의 은혜와 위력을 믿고 기도하겠나이다. 그리고 사은님의 뜻을 따르겠나이다."

믿고 기도할 뿐, 그 결과에 대해서는 받아들이기로 했습니다. 감히 사은님의 뜻을 헤아려 봤습니다. '더 단단히, 더 크게 만드시려는 시험이구나.'라고 생각했습니다. '될 때까지, 끝까지 한다.'라는 확고한 믿음은 변하지 않았습니다.

합격이라는 최종적인 영광도 소중하지만, 저희에겐 어쩌면 이보다 더 큰 은혜를 입었다고 생각합니다. 기도 기간 우리 가족이 한마음 한뜻이 되었다는 것입니다. 서로 걱정해 주고 사랑하는 마음, 가족의 편안함과 부모와 자식 간 인연의 소중함이 꽉 찬 4년이었습니다.

이제 고시 합격과 대학 합격을 기원하는 기도는 마치지만 부모로서 자녀를 향한 기도는 멈출 수 없습니다. 가족으로서 서로 사랑하고 위해 주는 가족의 행복 기도는 계속 이어질 것입니다.

이 모든 기쁨과 은혜와 영광 주신 법신불 사은님! 오늘도 내일도 앞으로도 계속 감사합니다. 그 크신 은혜에 보은 봉공하며 살겠습니다.

○ 원기107년 2월 11일

입춘立春·우수雨水·경칩驚蟄

계절은 벌써 입춘立春을 지나 우수雨水를 눈앞에 두고 있습니다. 우수 경칩을 지나면 완연한 봄의 세계로 들어가게 되죠. 바야흐로 꽃피는 춘삼월의 아름다움이 펼쳐지게 됩니다.

요 며칠 사이 날씨가 꽤 쌀쌀합니다. 아침저녁으로는 영하권으로 뚝 떨어진 기온이지만 한낮의 따스한 햇볕은 추운 겨울을 서서히 밀어내고 있습니다. 자연의 봄은 우리 마음보다 벌써 한 발짝 앞서 있는 듯합니다.

예로부터 우리 조상들은 입춘이 되면 대문에 입춘대길 건양다경의 문구를 써서 붙여 놓았지요. 봄에 들어서는 입춘을 맞아 좋은 일, 경사스러운 일들이 많이 생기라는 기원입니다. 올 한 해의 기원이기도 하지요.

우수는 눈이 녹아 비가 된다는 말이니 물이 흘러 만물을 적셔 싹을 틔우게 하고, 경칩은 동면하던 개구리가 놀라 깬다는 말이니 봄의 활기가 새로이 시작됨을 말합니다. 우리도 얼었던 마음이 다 풀리고 그동안 움츠려 있던 몸도 활짝 기지개를 켜면 좋겠습니다.

얼마 전에는 봄 냉잇국을 먹었습니다. 익산에 계시는 어머니께서 직접 들에서 캔 냉이였는데 야생의 진한 향과 식감이 입안 가득 맴돌았습니다. 냉잇국으로 봄맞이를 제대로 한 느낌이었습니다. 봄이 시작되면 항상 떠올리는 소태산 대종사님의 『대종경』 신성품 11장 법문이 있습니다.

"봄바람은 사私가 없이 평등하게 불어 주지마는 산 나무라야 그 기운을 받아 자라고, 성현들은 사가 없이 평등하게 법을 설하여 주지마는 신信 있는 사람이라야 그 법을 오롯이 받아 갈 수 있나니라."

산 나무, 신 있는 사람!
내가 살아 있지 않으면, 내가 깨어 있지 않으면 아무 소용이 없습니다. 살려내야 하고, 바쳐야 돋고 피어납니다.

농부는 겨울에 이미 농사지을 준비를 마친다고 합니다. 어떤 농사를 지을지, 언제 파종할지…. 봄이 되면 드디어 밭을 갈고 씨앗을 뿌리게 되지요.
봄이 왔습니다. 마음 농사짓는 우리도 마음 밭을 갈고, 복혜福慧의 종자를 뿌려야 하는 때입니다. 게으름 피울 틈이 없습니다.

우수가 깊고 넓게 흐르고 경칩으로 만물이 깨어나서 입춘대길 건양다경하는 봄맞이 하시길 기원합니다.

○ 원기107년 2월 18일

붕어빵에는 붕어가 없다

교당 근처에 붕어빵 파는 가게가 있습니다. 붕어빵의 고소한 냄새에 끌려 저도 가끔 사 먹곤 합니다. 천 원에 2개, 이천 원에는 다섯 개를 주는데 팥소도 팥과 크림을 선택할 수 있습니다. 제 입맛에는 단팥 붕어빵이 더 맛있더라고요.

칼국수에 칼이 없듯이 붕어빵에는 붕어가 없는 것이 당연합니다. 단지 빵의 모양이 붕어 모양을 하고 있어서 붕어빵이라 이름 붙여진 것이지요.

이름[名]과 실체[實], 관념적인 '있음'과 현실에서의 '없음'.
우리는 이름과 관념의 허상에 속곤 합니다. 말과 글에 현혹되고 참 실상을 깨닫지 못하는 어리석음에 빠지기도 합니다.

대통령 선거 유세가 한창입니다. 후보들의 정책공약과 국가의 비전은 잘 보이질 않습니다. 각종 비방과 흠집 내기로 진흙탕 싸움이 되고 있습니다. 오죽하면 이번 선거를 '비호감 대선'이라 말할까요. 누구를 뽑아야 할지 막막하고 한심합니다. 나라의 앞날이 심히 걱정스러운 상황입니다.

러시아의 우크라이나 침공으로 세상은 어지럽고 혼란한 상황입니다. 강대국의 패권 다툼으로 세계질서가 어지럽습니다. 평화가 위협받고 있습니다. 코로나 확진자 수는 연일 신기록을 세우고 이로 인한 민간경제의 타격과 교육 현장의 파행은 언제 끝나게 될지 가늠하기 어렵습니다.

붕어빵에는 붕어가 없습니다. 붕어 모양을 한 빵일 뿐이고 그 속에는 달콤한 팥소가 있음을 알고 있으면 됩니다. 앙꼬 또한 잘 구워진 밀가루 반죽과 만날 때 최고의 맛이 됩니다.

무엇이 참이고 거짓인지
무엇이 실체이고 이름인지
무엇이 실익이고 명분인지
가려낼 수 있는 밝은 지혜가 필요한 때입니다.

겉이 아닌 속을 볼 수 있어야 하고
속과 겉을 아울러 볼 수 있어야 합니다.
그래야 제대로 보일 것입니다.

배가 슬슬 고파오고 입이 심심해져 갑니다. 붕어빵이 딱 당기는 시점입니다. 이제 붕어빵 사 먹으러 가야겠습니다.
붕어 모양의 밀가루 반죽에 단팥이 들어있는 붕어빵이 참 맛있습니다.

○ 원기107년 2월 25일

넷,

그래서 좋다

먼저 덤비는 이가 패한다

세상이 어수선합니다. 걱정이 많이 됩니다. 21세기에 감히 생각지도 못한 일이 지구촌에서 벌어지고 있습니다. 러시아의 우크라이나 침공, 강대국이 그보다 약한 나라를 힘으로 눌러버리는 야만적인 전쟁으로 수많은 사람이 죽어가고 있습니다.

나라와 나라끼리의 전쟁은 복합적인 문제가 얽혀 있습니다. 패권주의, 역사적, 지형적, 경제적 문제 등 어느 하나로는 설명될 수 없는 구조입니다. 문제는, 그것이 참혹한 전쟁으로 나타났다는 것입니다.

우리는 6·25 한국전쟁이라는 민족상잔의 비극과 참상을 겪었습니다. 전쟁의 상흔과 아픔이 지금까지도 계속되고 있습니다. 전쟁이 아닌 평화, 상극이 아닌 상생, 분열이 아닌 화합이 지구인들에게 놓인 이 문제를 해결할 열쇠라고 생각합니다.

전쟁의 와중에서 제가 감동한 것은 우크라이나 국민의 단결 정신입니다. 뉴스에 의하면 우크라이나는 전 국민이 하나로 똘똘 뭉쳐 러시아의 침공에 대항하고 있다고 합니다. 대통령과 지도자들이 직접 솔선수범해서 죽기를 각오하고 총을 들었다고 합니다.

정산 송규 종사께서는
"세상이 열릴수록 싸우기 좋아하는 이는 망하나니, 앞으로는 국가 간의 싸움이나 개인 간의 싸움이나 먼저 덤비는 이가 패하리라."라고 말씀하셨습니다.

싸우는 데는 다 이유가 있을 것입니다. 정당한 싸움, 정의를 위한 싸움은 피하면 안 되지요. 싸움에도 정도가 있습니다. 말로 할 것을 주먹으로 하고 주먹으로 할 것을 무기로 하면 안 되겠지요.

"먼저 덤비는 이가 패한다."

소태산 대종사님께서는 남을 이기는 것이 힘이 센 것이 아니라 자기를 이기는 것이야말로 더 힘센 사람이라고 하셨습니다. 욕심을 제어하지 못하고 감정을 조절하지 못하는 사람이 먼저 덤비게 됩니다. 그러면 반드시 진다는 것이지요.

우리의 삶은 법法과 마魔가 싸우는 전쟁터와 같습니다. 법마상전法魔相戰에서는 법이 마를 반드시 이겨야죠. 마를 항복 받아야 합니다. 그래야 내 마음에 진정한 평화가 찾아옵니다.

아래는 원불교의 '우크라이나 전쟁 반대 성명서' 마지막 부분입니다.

"우리 원불교 교도들은 우크라이나의 전운이 하루속히 걷히고,

평화로운 일상을 다시 회복하는 날까지 기도의 정성과
연대의 손길을 놓지 않고 내밀 것입니다.
아울러 이번 침공으로 희생당한 모든 영령의 명복을 빕니다."

○ 원기107년 3월 4월

봄, 봄, 봄. 봄이 왔네요

지나가던 카페에서 봄노래가 흘러나옵니다.
로이 킴의 〈봄봄봄〉인데요.

"봄, 봄, 봄. 봄이 왔네요. ♪ ♬"

기분이 상큼해지고 몸도 가벼워짐을 느낍니다.
'그래. 봄이지.'
혼자 속으로 되뇌어 봅니다.

오늘 낮 최고 기온이 20도에 이른다고 합니다. 아직은 겨울옷으로 무장하고 있지만 이젠 옷도 마음도 봄에 맞춰 가볍게 해야겠습니다. 봄맞이 청소도 하고요.

며칠 전에는 봄맞이 산행을 다녀왔습니다. 북한산국립공원 오봉에 갔었는데 걷는 길 내내 가슴이 뻥 뚫린 기분이었습니다. 하늘도, 바람도 참 따사로웠습니다.

자연의 봄은 왔지만, 세상은 좀 추운 것 같아요. 일부러라도 봄을 불러오고 싶은 마음입니다. 봄바람의 따스함을, 봄꽃의 화사함을, 봄 식물의 싱싱함을 함께 나누고 싶습니다.

전쟁과 산불로 인해 고통받는 사람들, 대립과 갈등으로 상처받은 사람들, 코로나로 지치고 힘든 사람들.
이 세상 모든 사람에게 위로가 되고 힘이 되는 봄꽃이고 봄바람이면 좋겠습니다.

남쪽에서는 유채꽃과 매화가 피었고요.
봄의 꽃인 수선화도 피어날 겁니다.
추운 겨울이 있었기에
꽃은 아름답고 향기는 더욱 진할 것입니다.

우리네 인생도
고통과 시련이 있기에
더욱 성숙해지고 값어치 있는 인생이 될 것입니다.

로이 킴의 〈봄봄봄〉을 함께 들어보시게요.

"다시 봄 봄 봄 봄이 왔네요.
그대 없었던 내 가슴 시렸던 겨울을 지나
또 벚꽃잎이 피어나듯이 다시 이 벤치에 앉아 추억을 그려 보네요.
사랑하다 보면 무뎌질 때도 있지만
그 시간마저 사랑이란 걸 이제 알았소."

○ 원기107년 3월 11일

극하면 변한다

정산 송규 종사는 『정산종사법어』 법훈편 31장에서 이렇게 말씀하십니다.

"극하면 변하는 것이 천지의 이치라, 개인이나 가정이나 단체나 국가나 모두 그 왕성할 때를 조심하여야 하나니라."

요즘, 코로나 확진자가 50만 명대에 이르렀습니다. 이젠 저와 가까운 사람들에게서 확진 소식을 들으니 조심스럽고 걱정이 됩니다.

방송에 의하면 1, 2주 이내가 정점이라고 하죠. 정점이란 맨 꼭대기를 의미하는데요. 정점을 지나 이젠 감소 추세로 가고 얼마 후면 방역도 완화될 예정이라고 합니다. 극하면 변하는 이치를 믿고 그렇게 되길 기대해 봅니다.

"극하면 변한다."

음양상승의 기운을 보더라도 양의 극치인 하지를 지나면 음의 기운이 자라나고, 음의 극치인 동지를 지나면 양의 기운이 자라납니다. 달도 차면 기울게 되어 있습니다.

노자老子께서는 "사물은 극極에 달하면 그로부터 반전反轉하는데 그것이 곧 도道의 움직임反者道之動"이라고 했습니다. 성주괴공, 생로병사, 흥망성쇠 등 모든 자연의 변화 작용이 이에 따릅니다.

저는 극極에 더하여 '지극至極'을 생각해 보았습니다. 극할 때, 왕성할 때 조심하기도 해야 하지만 지극할 때 뭔가를 이룰 수 있습니다. 일심이 지극하면, 정성이 지극하면 큰 변화를 만들어 냅니다.

가장 무서운 사람이 '간절한 사람'이라고 합니다. 그 어떤 사람도 간절한 사람에게 비길 바가 못 되죠. 스포츠를 보더라도 실력이 비등할 때 누가 더 간절하냐에 따라 승리가 결정된다고 합니다. 간절함의 끝판왕이 지극정성으로 나타나게 됩니다.

『주역周易』에서는 "궁즉변 변즉통 통즉구窮則變 變則通 通則久" 즉 "궁하면 변하고 변하면 통하고 통하면 오래간다."라고 했습니다.

궁하면 활로를 찾게 되어 있습니다. 아무리 어려운 상황도 극복할 수 있고 아무리 힘든 경계도 헤쳐 나갈 수 있습니다. 모든 면에서 지금이 그런 때입니다.

"돌고 돌아 지극至極하면
유와 무가 구공俱空이나
구공 역시 구족具足이라."

○ 원기107년 3월 18일

일원상一圓相 주문呪文

"무슨 소리든 만 번을 반복하면 그것이 진언眞言이 되어,
그렇게 된다고 합니다.
당신은 지금 무슨 말을 반복하고 계십니까?
맑고 향기로운 언어를 반복합시다.
그것이 주문되어 당신의 인생을 그렇게 만들어 갈 것입니다."

〈풍경소리〉에 실린 장용철 시인의 글입니다.

나는 어떤 말을 반복하며 살고 있는지 돌아봅니다.

"미치겠어."
"짜증 나 죽겠네."
"지긋지긋해."

"야, 너무 좋다."
"잘될 거야. 할 수 있어."
"고마워, 사랑해."

말은 씨앗입니다. 싹을 틔우고 꽃을 피우고 열매를 맺습니다.
그렇게 됩니다. 아무 생각 없이 반복하는 그 소리가

나의 인생을 그렇게 만들어 갑니다.
어릴 적 장난스럽게 이런 주문을 외웠던 기억이 있습니다.
"수리수리마수리"

이 말은 불교의 경전인 『천수경』에 실려 있는데요. 입에서 지은 업을 깨끗하게 씻어내는 참된 말을 뜻한다고 합니다. 몸과 입과 마음이 청정하면 부처님과 가까워지겠죠.

주문呪文은 진언眞言의 반복을 통해 주술적 위력과 일심 독송을 통해 심력心力을 얻는 길입니다. '진언'은 진리를 나타내는 참된 말입니다. 진언이 참된 행동[眞行]으로 나타나면 그게 바로 부처입니다.

이문교당에서는 '일원상 서원문'을 하루에 10독하는 정진반이 있습니다. 우선 1년간을 목표로 했기 때문에 1년이 지나면 3,650회가 되는데요. 이렇게 3년을 해보면 어떨지 생각해 봅니다. 그래야 만 번을 넘길 수 있으니 말이죠.

며칠 전에는 편찮으신 교도님과 통화를 했는데요. 그 교도님께서는 아픈 중에도 '일원상 서원문' 10독은 빠짐없이 하고 있다고 하셔서 감동하였습니다.

어느 교도님은 '일원상 서원문'을 하니까 마음도 편해지고 왠지 모를 기운이 충만해짐을 느끼셨다고 합니다. 이렇게 계속 '일원상 서원문'을 1만 독 하게 되면 "일원의 위력을 얻고 일원의 체성에 합하는" 구경에 이르지 않을까요.

오늘도 저는 일원상 주문을 외웁니다.

○ 원기107년 3월 25일

상량 上樑 올리는 날

오늘 이문교당 신축건물 상량식을 올렸습니다.
조촐하지만 상량 봉고식을 올리고 지금까지 아무런 사고 없이 건축됨에 감사하고 앞으로 완공될 때까지 은혜로운 건축이 되길 기원했습니다.

상량문에는 '법고창신法古創新 복혜무량福慧無量'을 새겨 넣었습니다. 법고창신은 "옛것을 본받아 새로움을 창조"하고, 복혜무량은 "복과 지혜가 한량없다"라는 뜻입니다.
법고창신은 교당의 역사를 잊지 않고 미래로 나아가자는 것이고, 복혜무량은 이 도량을 통해 모든 분이 행복하기를 기원하는 내용입니다.

저는 신축되는 건물을 보면서 집이라는 게 마치 사람의 몸과 같다고 생각해 보았습니다. 집은 보통 골조와 외벽, 수도와 배관, 전기와 통신, 그리고 마감재로 공사가 진행됩니다.
우리 몸도 그러잖아요. 뼈마디 골격이 있고, 심장을 비롯한 여러 장기가 있고 기와 혈이 흐르고 신경과 세포들이 생명을 활기차게 해줍니다. 밖으로는 근육과 살과 피부가 있어 우리 몸을 움직이고 보호해 주지요. 집이 딱 우리 몸과 같습니다.

건물은 단순히 물리적인 공간이 아니라 하나의 생명체라고 생각합니다. 잘 관리하고 잘 사용해야 그 수명이 건강하게 오래가죠. 건물은 또한 어떤 사람이 사느냐에 따라 그 건물의 값어치가 달라지는 것 같습니다.

은혜와 사랑이 꽃피는 행복한 집,
수많은 사람이 드나들면서 함께 기쁨을 나누는 집,
이런 점에서 앞으로 신축될 이문교당은 행복 도량 낙원 도량이 되면 좋겠습니다.

오늘 상량식이 있기까지 감사할 분들이 참으로 많습니다.
현장을 진두지휘해 주시는 현장 소장님을 비롯한 직원, 그리고 목수, 전기, 철근, 방수, 배관 등 현장 노동자들, 이분들께 진정으로 감사의 인사를 드립니다.

또한 오늘 은혜로운 상량봉고식이 있기까지 매일 천일기도에 함께해주시는 이문교당 교도님들, 그리고 교당 신축 불사에 참여하시어 건축 성금을 내주신 불사 동참인 모든 분께도 머리 숙여 감사의 인사를 전합니다.

올해 7월 말이면 교당 신축을 마무리하고 새로운 교당에 입주할 예정입니다.
앞으로도 매일 기도하면서 멋지고 은혜로운 교당이 신축될 수 있도록 교도님들과 함께 정성을 다하겠습니다.

그동안 기도해 주시고 협력해 주신 모든 분께 깊이 감사드립니다.

"감사합니다. 사랑합니다."

○ 원기107년 4월 1일

각성 覺醒의 계절

벚꽃이 만개했습니다.
밝고 화사함이 넘쳐납니다.
보고만 있어도 기분이 좋아집니다.
꽃길을 걸으며 그 꽃이 되어봅니다.
활짝 핀 벚꽃들 사이로 이제야 꽃망울을 머금고 있는 나무가 보입니다.
아름다운 길을 함께 걷는 분이 말합니다.

"쟤는 잠자다 늦게 일어났나 봐요."

네, 그런 것 같습니다. 유독 그 나무만 덜 피어있었습니다. 영양이 부족했는지, 햇빛을 덜 받았는지, 아니면 게으름을 피웠는지.

무언가 잘못된 길을 가고 있을 때, 지지부진하고 일상성에 헤매고 있을 때, 걱정하고 두려움에 방황할 때 깨어 정신을 차리는 각성 覺醒이 필요합니다.

각성이 활성화될 때는 도파민, 노르에피네프린, 아세틸콜린, 세로토닌 등 신경전달물질이 분비되고 증가한다고 합니다. 최적의 각성 수준이 될 때 가장 좋은 수행을 보인다고 합니다.

각성의 계기는 여러 가지가 있을 수 있습니다.
법문法門을 통해서, 누군가의 행동을 보고, 감동적인 글과 영상을 보고, 때론 엄한 경책과 꾸지람을 통해, 아니면 천지자연이 전해주는 무언無言의 메시지를 통해서. 무엇보다도 중요한 것은 스스로 각성을 불러일으키는 것입니다.

한번은 소태산 대종사께서 전주에 가시어 몇몇 제자들에게 이렇게 말씀하십니다.

"내가 오는 길에 우스운 일을 많이 보았노니, 아침에 어느 곳을 지나는데 날이 이미 밝아서 만물이 다 기동하여 사방이 시끄러우나 어떤 사람은 날이 밝은 줄을 모르고 깊이 잠자고 있으며, 어떤 사람은 찬바람과 얼음 속에 씨를 뿌리고 있으며, 어떤 사람은 여름옷을 그대로 입고 추위에 못 견디어 떨고 섰더라."

새로운 각성이 필요한 사람들이죠. 이대로 있다가는 큰일 낼 사람들입니다. 깨어서 정신을 똑바로 차려야 할 사람들입니다.

4월은 대각개교大覺開敎의 달입니다. 소태산 대종사의 큰 깨달음으로 원불교가 새 시대의 새 종교로 문을 열었습니다.

대각까지는 아니어도 4월은 각성의 달이면 좋겠습니다.
교문敎門을 열지 못하지만, 마음의 문, 정신의 문은 활짝 열었으면 좋겠습니다.

각성! 깨어 정신을 차림.

봄꽃들이 다투어 피어나듯

우리 정신의 꽃들도 활기차게 깨어 피어나면 좋겠습니다.

○ 원기107년 4월 8일

말하는 대로, 원願하는 대로

제가 요즘 JTBC의 '뜨거운 씽어즈'에 푹 빠져 있습니다. 대부분, 배우로 구성된 합창 프로젝트인데요. 매회, 그분들의 노래가 노래에 연기를 입힌 것 같은 많은 감동을 줍니다. 지난주에는 이병준, 이서환 배우가 듀엣곡으로 부른 〈말하는 대로〉라는 노래가 큰 감동을 주었습니다.

원래 이 노래는 국민 MC 유재석 씨의 20대 무명 시절을 그린 가사인데요. 50대 중년 배우들이 들려주는 노래가 치열했던 20대를 회상해 보는 소중한 시간이었습니다. 현 2, 30대에겐 위로와 격려를 그 시기를 지난 세대에겐 아픔을 치유하는 노래였습니다.

"말하는 대로 말하는 대로
될 수 있다곤 믿지 않았지, 믿을 수 없었지,
마음먹은 대로 생각한 대로
할 수 있단 건 거짓말 같았지, 고개를 저었지.

그러던 어느 날 내 맘에 찾아온
작지만 놀라운 깨달음이
내일 뭘 할지 내일 뭘 할지
꿈꾸게 했지.

사실은 한 번도 미친 듯 그렇게
달려든 적이 없었다는 것을
생각해 봤지, 일으켜 세웠지, 내 자신을

말하는 대로 말하는 대로
될 수 있단 걸 눈으로 본 순간 믿어보기로 했지
마음먹은 대로 생각한 대로
할 수 있단 걸 알게 된 순간 고갤 끄덕였지."

맘먹은 대로, 말하는 대로, 생각한 대로
다 되면 얼마나 좋을까요?

그러나 세상은 그렇게 호락호락하지 않습니다. 절망하고 포기하고 걱정과 두려움에 헤맬 때가 있습니다. 도저히 헤쳐 나갈 용기가 없고 모든 것이 캄캄하게 보일 때가 있습니다.

그래도 한때는 어렵더라도 그래도 희망을 놓지 않고 해야 합니다. 나의 맘과 말과 생각과 행동이 변하지 않는다면 길이 보이고 하나씩 하나씩 이루어가게 됨을 깨닫게 됩니다.

유재석 씨는 마음먹은 대로, 말하는 대로, 생각한 대로를 말했지만, 저는 "원願하는 대로, 내가 지은 대로"를 말하고 싶습니다.

지극히, 간절히 원하면 되더라고요.

씨 뿌리지 않고, 가꾸지 않고 절대 열매는 맺지 않더군요.
원해야 하고, 내가 또 그렇게 지어야 합니다.
그렇게 믿고 행하면 됩니다.

봄은 가을의 희망을 심는 계절입니다.
봄꽃이 떨어짐은
새잎을 피워내기 위해 자리를 양보하는 것입니다.
또다시 새로운 꽃이 피어납니다.

○ 원기107년 4월 15일

끊지 말고 푸세요

점심시간이 되자 교도님 한 분이 김밥과 어묵을 사 오셨습니다. 제가 다 좋아하는 음식이라 반가웠는데요. 어묵을 싸 온 비닐봉지 매듭을 풀려고 하는데 잘 풀리질 않았습니다. 지켜보고 있던 제가 그랬지요.

"교도님. 그냥 가위로 자르세요."
"교무님. 끊지 말고 풀라고 하셨잖아요."
"하하하. 그러네요. 끊지 말고 푸세요."

그 교도님은 꽉 묶인 매듭을 천천히 푸셨습니다.
교도님께서 말씀하신 매듭은 '인연의 매듭'이겠지요.

인연이라는 게 좋은 인연도 있고, 낮은 인연도 있습니다. 우리는 얽히고설킨 인연의 매듭 속에서 살아갑니다. 좋은 인연이야 술술 풀리는 인연이겠지만 낮은 인연의 경우, 매듭과 고리를 푸는 게 쉽지 않습니다.

실타래가 엉켜있을 경우 어떻게 해야 할까요?
하나하나씩 풀어가야 합니다. 처음엔 복잡하고 어려워 보이지만 하나가 풀리고 둘이 풀리고 셋이 풀리다 보면 어느샌가 수월하게 확 풀리는 순간이 찾아옵니다. 얽혔다고 실뭉치를 한꺼번에 버릴 수는 없습니다.

성급함에 뚝 자르고 끊어버리려고 하죠. 나에게 더 이상 이익이 되지 않으면 손절매하려고도 하고요. 때론 속이 상하고 질기고 질긴 인연에 한숨과 한탄도 나옵니다. 그래도 어찌 합니까?
그 인연과의 업을 청산하지 않으면 계속 반복될 수밖에 없는걸요.

그런데요. 세상을 좀 살다 보니 과감하게 뚝 끊어야 할 인연이 있고 어떻게라도 꼭 풀어야 할 인연이 있더라고요.

악연은 끊어야 하고 선연은 풀고 이어가야 할 인연입니다. 때론 과감하게 끊는 것이 푸는 것이기도 합니다. 분명, 어려운 일임에 틀림이 없습니다.

부처님은 한 인연도 버리지 않는 자비를 베푸시는데요.
그런 부처님께서도 이렇게 말씀하십니다.

"인연이 없는 중생은 제도하지 못하고
하려고 하지 않는 사람은 나도 어찌할 도리가 없다."

인연 복이 많은 분을 보면 대체로 인연을 소중하게 생각하고 맺힌 것도 잘 풀려고 노력합니다. 그만큼 불공에 정성을 다하기도 하고요.

좋은 인연을 바라기만 해서 되겠습니까?
내가 먼저 만들어 가야지요.

끊고, 잘라내지 말고
잘 푸시고, 잘 이어가는 인연이 되면 좋겠습니다.

　　　　　　　　　　　　　　　○ 원기107년 4월 22일

마더 테레사 효과

'마더 테레사 효과'란 남을 돕는 활동을 통하여 일어나는 정신적, 신체적, 사회적 변화를 말합니다. 테레사 수녀처럼 남을 위한 봉사활동을 하거나 선한 일을 보기만 해도 인체의 면역기능이 크게 향상되는 것을 말합니다.

이와 함께 실제로 남을 도우면 느끼게 되는 최고조에 이른 기분 즉 '헬퍼스 하이[Helper's High]'가 있는데요. 남을 돕는 봉사를 하고 난 뒤에는 거의 모든 경우 심리적 포만감 즉 '하이' 상태가 며칠 또는 몇 주 동안 지속된다고 합니다. 의학적으로도 혈압과 콜레스테롤 수치가 현저히 낮아지고 엔도르핀이 정상치의 3배 이상 분비되어 몸과 마음에 활력이 넘친다고 합니다.

얼마 전 지하철에서 일어난 일입니다. 고령의 어르신이 갑자기 앞으로 고꾸라지면서 넘어지셨습니다. 완전히 정신을 잃은 상태로 보였습니다. 그 순간 주위에 있던 젊은 청년들이 그분을 바로 일으켜 앉혔고 몸을 주무르기 시작했습니다.

또 한 청년은 지하철 내 인터폰을 통해 이 상황을 승무원에게 바로 알렸습니다. 다음 정차 역에서 지하철은 섰고, 그분은 밖으로 옮겨져 심폐소생술을 하는 것을 보았습니다. 5분 이상 지하철이

멈춰 있었지만, 모두가 걱정하는 마음으로 지켜보았습니다.

그 이후 쓰러지신 분의 상태는 알 수 없었지만, 누군가의 어려움에 대해 신속하게 대처하고 합력하는 모습을 보면서 '참 다행이다.'라는 생각과 누군가를 위해 헌신 봉사하는 모습이 참으로 아름답게 보였습니다.

저는 인간의 본성이 본래 착하다고 생각합니다. 누군가의 고통, 어려움을 볼 때 불쌍하게 여기는 어진 마음씨, 측은지심惻隱之心을 가지고 있다는 것이지요. 원래 타고난 성품도 있지만, 사랑과 봉사의 기쁨을 안 사람은 그냥 있지 못하는 것이지요. 결국 남을 위하는 것이 자기의 기쁨과 보람이 됩니다.

어느 교도님이 그러시더군요.
"교무님은 법을 설할 때 얼굴에 가장 기쁜 모습이 보여요."
"법열로 충만한 그 모습이 보기 좋습니다."

소태산 대종사님께서 이렇게 법문하셨습니다.
"모든 사람에게 천만 가지 경전을 다 가르쳐 주고
천만 가지 선善을 다 장려하는 것이 급한 일이 아니라,
먼저 생멸 없는 진리와 인과보응의 진리를
믿고 깨닫게 하여 주는 것이 가장 급한 일이 되나니라."

네, 제가 생각해도 그런 것 같습니다. 이것이 무슨 효과인지는

모르지만, 평소에 느끼지 못한 희열이 있습니다. 특히 교도님들이 법을 듣고 크게 기뻐하시고 반응하시는 모습을 보면 더 열정적인 사람이 되는 것 같습니다.

지난 수요일엔 『수심결』 마지막 강의로 1시간 45분을 쉬지 않고 강의했습니다. 물론, 시간이 어떻게 지나갔는지 모르게 지나갔고요. 끝나고 난 뒤 생각해 보니, 나는 기뻐서 열정적으로 했지만 그 강의를 듣는 교도님들은 참 힘들었겠다는 생각도 해보았습니다.

이제 대각개교의 달 4월을 보내면서 '소태산 대종사 효과'로 나도 깨닫고 남도 깨닫게 되면 좋겠습니다. 그래서 온 세상에 은혜가 흘러넘치면 얼마나 좋을까요.

다 같이, 다 함께 말이죠.

○ 원기107년 4월 29일

5월은 푸르구나

어제는 '어린이날'이었는데요. 우리 집은 이젠 아이들이 다 커서 어린이날이라고 해서 특별한 날이 아니게 되었습니다. 그래도 다 커버린 아이들의 어릴 적 모습을 떠올려 보는 것 자체가 큰 기쁨입니다.

코흘리개 아이들이 이렇게 훌쩍 커버렸으니, 세월은 그렇게 흘러 여기까지 왔고, 저 또한 앞으로 자식들의 취직과 결혼을 걱정해야 할 나이가 되었습니다. 지금까지 그래왔고, 앞으로도 이렇게 세월 무상 인생무상을 느끼며 살아가겠지요.

어제는 미리 익산에 계시는 어머니를 찾아뵈었습니다. 어버이날을 맞이하여 오랜만에 형제도 한자리에 만나 맛있는 음식을 먹고 새만금과 선유도 드라이브로 즐겁고 행복한 시간을 보냈습니다.

"5월은 푸르구나. 우리들은 자란다."

보리밭으로 푸르른 들녘
한창 녹음으로 짙어가는 푸른 산
오랜만에 찾은 선유도의 푸른 바다

어제는 자연의 푸르름으로 가득 찬 하루였습니다.
서울로 올라오는 길, 어머니께서 싸주신 상추, 쑥갓, 아욱, 두릅 등 초록, 연두색 푸성귀의 푸름은 어머니의 정성과 사랑이 담긴 진한 푸름이었습니다.

어린이날
어버이날
부처님오신날
스승의날

5월의 밝고 선명한 푸름 속에 은혜와 사랑 가득한 감사의 푸르름이면 좋겠습니다.
아이들이 힘껏 자라듯이
우리도 한껏 푸르른 마음으로 자라길 기도합니다.

○ 원기107년 5월 6일

공감과 위로

"선생님. 제 친구가 저를 위로해 줬어요."
"어떻게 위로해 줬는데?"
"네가 먹고 싶지 않으면 안 먹어도 돼." 이렇게요.

이 학생은 식구들로부터 음식 남기지 말고, 배부르게 먹으라는 말을 들었답니다. 먹기 싫은데 자꾸 먹으라고 하니 이것이 스트레스였겠지요.

"먹고 싶지 않으면 안 먹어도 돼."

참 별것 아닌 말인데요. 이런 말로도 위로를 받나, 하는 의아심이 들 정도입니다. 그래도 그 학생에겐 그 어느 좋은 말보다도 큰 위로가 되었답니다. 자신의 처지와 상황을 이해해 주고 공감해 주었기 때문입니다.

요즘 들어와서 '공감 능력'을 자주 말하곤 합니다.
"타인의 생각이나 감정을 함께 느낄 수 있음."

인간관계, 사회생활에서 매우 중요한 요소로 작용하지요. 허공에 뜬구름 잡는 얘기를 한다거나 먼 나라의 얘기가 아닌 직접 눈을 마주 보고 가슴으로 공감하는 것입니다. 말과 눈빛과 표정, 그리고 보이지 않는 신뢰까지 공감의 영역은 아주 가까운 곳에 있습니다.

오래전 일입니다. 저와 아주 가까운 분의 어머니께서 돌아가셨습니다. 슬픔에 눈물 흘리는 그분에게 "이럴 때일수록 울지 말고 정신을 바짝 차려야 한다."라고 했습니다.

제 딴에는 위로의 말이라고 했는데 그분은 저의 공감 능력 부족을 나무랐고, 두고두고 그때의 일을 서운해했습니다. 공감의 마음보다는 공감의 기술이 부족했던 것이지요.

상대방을 공감하고 위로할 수 있는 힘은
마음의 여유와
내적 자존감과
건강한 마음 그리고 정성스러운 마음에서 나오는 것 같습니다.

내가 지쳐있을 때는 상대방의 말이 잘 들리지 않거든요. 내 마음이 건강해야 다른 사람에게 힘을 줄 수 있지요. 무엇보다도 진심과 정성이 감동을 불러일으킵니다. 그 사람의 처지와 입장이 되어보는 것. 그 사람의 눈으로, 마음으로 보고 느끼는 것이 공감의 출발이라고 생각합니다.

위로라는 게 뭐, 거창한 것이 아니라 좋은 글귀, 다정한 말 한마디, 좋은 음악과 향기로운 차 한 잔에도 큰 위로와 격려가 된다는 것을 느끼며 살아갑니다.

가슴이 따뜻한 사람. 그래서 누구라도 편히 말하고 손잡을 수 있는 그런 사람이 되면 좋겠습니다.

○ 원기107년 5월 13일

이건희 컬렉션과 문화의 힘

국립현대미술관에서 전시 중인 〈이건희 컬렉션 특별전 한국미술 명작〉을 관람하였습니다. 10시에 오픈인데, 도착하니 줄이 100m 정도는 서 있었습니다. 이 전시회가 장안의 화제인 만큼 뜨거운 열기 그 자체였습니다.

1시간 20분을 기다려 드디어 본전시장에 입장할 수 있었습니다. 근현대 한국의 미술사를 대표하는 작가들과 작품들을 볼 수 있었는데요. 교과서, 도록, TV 화면으로만 보았던 작품들을 직접 이렇게 눈으로 볼 수 있다는 것이 큰 행운이라 느껴졌습니다. 이중섭, 김환기, 박수근 등 대표적인 작가들의 작품에는 더 깊은 관심이 갔습니다.

제가 가장 깊은 감명을 받은 작품은 박수근 작가의 작품이었습니다. 국민 화가로 불리는 박수근의 작품은 그림을 그렸다기보다 찍어 그렸다는 표현이 맞을 듯합니다. 마치 화강암 위에 색과 점과 선을 입힌 듯한 작품은 실제로 눈으로 보더라도 표면의 질감이 매우 거칠게 표현되어 있었습니다.

그 거친 질감 속에 전반적으로 흐르는 색채의 단순함은 오히려 온화함과 따뜻함을 전달해 주었습니다. 작품의 소재 또한 〈절구

질하는 여인〉, 〈유동〉 등 우리 생활 가까이에서 볼 수 있는 토속
적이며 가족적인 내용들이라 더욱 정겨웠습니다.
미술 작품에 별 관심이 없던 저로서는 작품을 깊게 이해하긴 어
려웠지만, 작가들의 정신세계와 예술혼을 작게나마 체험할 수
있었습니다.

캔버스 위에 그려진 작품 하나에
평화, 사랑, 희망을 노래하고
때로는 내면의 고뇌와 저항의 시대정신을 담고 있음을 볼 때
미술, 예술은 위대하다고 생각해 보았습니다.

고 이건희 회장은 이렇게 말했습니다.

"문화유산을 모으고 보존하는 일은
인류 문화의 미래를 위한 것으로
우리 모두의 시대적 의무라고 생각합니다."

백범 김구 선생께서는 이렇게 말씀하셨죠.

"나는 우리나라가 가장 잘 살고 강한 나라가 되기를 바라지 않는
다. 나는 우리나라가 세계에서 가장 아름다운 나라가 되기를 바
라며, 오직 한없이 가지고 싶은 것은 높은 문화의 힘이다. 문화의
힘은 우리를 행복하게 만들고, 남을 행복하게 만들기 때문이다."

문화의 힘!

이제 우리가 세계에 내세울 수 있는 문화의 힘은 정신문화의 힘이라고 생각합니다.
일찍이 소태산 대종사님께서는 한국이 "정신의 지도국, 도덕의 부모국"이 된다고 예견하셨습니다.
도덕 문명 세계를 활짝 꽃 피울 민족이 바로 대한민국의 미래입니다.

○ 원기107년 5월 20일

This is me! 이게 나야!

지난 100일 동안 저는 JTBC '뜨거운 씽어즈'의 열혈 시청자였습니다.
지난 방송에서는 백상예술대상 시상식에 뜨거운 씽어즈의 멤버들이 특별공연을 했는데요. 노래 제목이 〈This is me〉였습니다.

원래 이 노래는 뮤지컬 영화 '위대한 쇼맨'의 OST 곡입니다.
어둠에 익숙해진 서커스 단원들이 있습니다. 광대라는 멸시와 편견을 뛰어넘어 용감하고 당당하게 자신을 드러내는 노래가 바로 'This is me' 이게 나야입니다.

남의 시선을 두려워하지 않고
더 이상 숨지 않고
나 자신을 멋진 존재로 받아들입니다.

부끄러움과 상처도 모두 씻어버리고
나 자신이 스스로 쌓아 올린 벽을 허물고
세상으로 나아갑니다.

이에 반해 번안된 뜨거운 씽어즈의 'This is me'는
나 자신을 믿고

세상의 온갖 어려움을 헤쳐 나가자는 노래입니다.
용기와 희망을 주는 노래이고
위안과 치유의 노래이기도 합니다.

노래 중간에 노배우인 김영옥 씨가
나지막이 속삭이듯 노래하는 부분이 있습니다.

"힘에 겨울 땐 고갤 떨구렴
겁에 질리면 눈을 감으렴
네 눈물 그 아픔 모두 너의 노래야
This is me"

세상을 살다 보면 눈물이 날 때가 있고, 고갤 떨굴 때가 있습니다. 힘에 겨워 지칠 때, 좌절하고 포기하고 싶을 때, 이 눈물과 아픔도 다 나의 노래입니다. 지내고 이겨내고 보면 멋진 나의 성장통입니다.

나 자신보다 더 소중한 건 없습니다.
"천상천하 유아독존天上天下 唯我獨尊"이라고 했습니다.
나를 부처[佛]라고 했습니다.
내 마음이 바로 부처임을 믿는 것이 중요합니다.

조금은 늦더라도 중간에 크고 작은 어려움이 나를 가로막더라도
내가 부처라는 확신만 있다면

우리는 당당히 부처님의 세계에서 살 수 있습니다.
거룩하고 위대한 존재, 그게 바로 나입니다.

"This is me!"

○ 원기107년 5월 27일

한 사람의 힘

지난 주말에는 울산 배내훈련원에 1박 2일 교도 정기훈련을 다녀왔습니다. 왕복 10시간의 긴 여정임에도 피로감 없이 다녀올 수 있었는데요. 그곳에서 많은 감명과 좋은 기운을 받아올 수 있었습니다.

배내훈련원은 향타원 박은국 종사께서 일구신 훈련 도량, 기도 도량, 적공 도량입니다. 정년퇴임 후 근 30년간 노구의 몸으로 돌멩이 하나, 나무 한 그루 향타원님의 손길이 미치지 않은 곳이 없을 정도로 일천 정성을 다해 훈련원을 가꾸셨습니다.

대각전, 만인탑, 일원탑, 기도터 등 곳곳이 기도 도량이었고, 적공 도량이었습니다. 저절로 마음이 차분해지고 숙연해지고 저절로 두 손이 모이면서 기도하고 싶은 마음이 우러나왔습니다. 향타원 종사님의 원력과 정성이 그대로 느껴졌습니다.

해발 600m 고지, 길 하나 없던 가파른 골짜기, 나무 한 그루 제대로 없는 민둥산이었던 그곳이 이제는 1만 2천 평에 달하는 낙원이 되었습니다.

간월산을 중심으로 1천 미터가 넘은 7개의 산으로 둘러싸인 그곳은 영남의 알프스라 불리는 명산 중의 명산이었습니다.

'배내', 풍수상 그곳은 어머니의 자궁과 같아서 생명을 잉태하는 곳이고 편안함을 느낀다고 합니다. 그래서인지 배내훈련원에서 바라보는 주변 풍경은 포근하고 따뜻한 느낌이었습니다.

한 교도님이 훈련을 마친 뒤 이렇게 감상을 전하시더군요.
"한 사람의 힘이 얼마나 위대한지 알게 되었습니다."

고개가 끄덕여졌습니다. 연약한 여성의 몸, 그것도 70, 80, 90세 노구의 몸으로 훈련원의 대역사를 이룬 것에 큰 감명을 받았습니다.

물론 혼자 이루신 것은 아니겠지요. 수많은 사람의 정신, 육신, 물질의 합력이 있어 가능한 일이었을 것입니다. 그래도 그 맨 처음과 중심엔 향타원 종사님이 계셨기 때문에 그 일이 이루어질 수 있었습니다.

'한 사람의 힘'

처음엔 미약할 수 있습니다. 하지만 원력이 뭉치고 정성이 미치면 못 이룰 일이 없습니다.

성공한 조직에는 핵심이 되는 한 사람이 있습니다. 그 한 사람의 기운이 열을 만들고 백을 만들어 냅니다. 한 사람의 힘은 하나 된 힘, 하나의 힘입니다. 한 마음, 일심一心의 힘입니다.

향타원 종사님의 큰 원력과 깊은 기도 정성에 존경의 마음을 담아 감사의 예를 올립니다.

"향타원 종사님! 감사합니다."

○ 원기107년 6월 3일

역사의 죄인이 되지 않는다

우연히 지하철 3호선 안국역에서 동판으로 새겨진 공사연혁을 보았습니다.
거기에는 공사명, 공사 구간, 공사 기한, 시행청과 그 공사에 참여한 시행사와 책임자의 이름들이 적혀 있었습니다. 지하철 3호선 중앙청에서 재동까지 구간은 날짜를 보니 1985년 8월 15일에 완공되었더군요.

그런데, 유독 제 눈에 들어오는 글귀가 있었습니다. 이름하여 '사시社是'인데요.

"정성으로 건설하여 역사의 죄인이 되지 않는다."

'역사의 죄인', 너무나 비장한 각오가 느껴지더군요. 시대상이 반영된 문구이기도 하고요. 그 시대만 하더라도 지하철이 국가적인 사업이라 국가와 국민에게 누가 되지 않도록 철저하게 하겠다는 뜻이겠지요.

교당 신축을 하는 저에게는 정신이 번쩍 들게 하는 문구이기도 합니다. 내가 최소한 교당 역사의 죄인이 되어서는 안 되는데 하고 말이죠.

또한 전무출신으로서 밥값은 하고 있는지 생각해 볼 때 소태산 대종사님께 죄송하고 교도님들께 부끄럽다는 생각이 듭니다.

역사는 기억합니다.
훌륭한 업적을 남겨 새겨진 이름과 악행과 잘못을 저질러 새겨진 이름을 말이죠. 예로부터 부끄럽지 않은 이름을 남기는 것을 선비, 공부하는 사람의 큰 덕목으로 삼았습니다.

전국노래자랑의 국민 MC 송해 선생께서 향년 95세의 나이로 별세하셨습니다. 최고령 MC로 기네스북에 오를 정도로 국민을 울리고 웃긴 희극인이었고 모든 국민이 친근하면서도 존경하는 시대의 어른이었습니다. 그분의 영결식 추도사에서 코미디언 이용식 씨는 이렇게 말하더군요.

"대한민국에는 동해, 서해, 남해, 송해가 있습니다. 이생에는 '전국노래자랑'을 외쳤다면 그곳에서는 '천국 노래자랑'을 외쳐주세요."

매우 감명 있게 다가왔습니다. 전 국민으로부터 사랑을 받는다는 것, 한 사람의 생애, 한 사람의 역사로 볼 때 멋진 삶을 사셨고, 그 누구보다도 위대한 업적을 남기셨습니다.

"역사의 죄인이 되지 않는다."

이렇게만 해서 되겠습니까?

이왕 세상에 태어났으니, 조금이라도 세상을 이롭게 하고 누군가에게 행복을 주는 그런 사람이 되면 좋겠습니다.

　　　　　　　　　　　　　　○ 원기107년 6월 10일

베일을 벗다

교당을 신축해 본 교무님이 그러시더군요. 교당 지으면서 가장 기쁘고 좋을 때는 비계[높은 곳에서 공사를 할 수 있도록 임시로 설치한 가설물]와 가림막을 털어낼 때라고요. 그동안 가림막으로 안 보였던 건물의 실체가 마침내 그 모습을 드러내기 때문입니다.

지난 화요일에 이문교당 신축건물은 비계와 가림막을 철거했습니다. 그 교무님의 말대로 환하게 드러난 교당의 모습을 보니 가슴이 뭉클하면서 기분이 그렇게 좋을 수 없었습니다. 그동안 가늠할 수 없었던 건물의 위용과 전체적인 모습들이 한눈에 들어왔습니다. 당당하면서 중후하고 따뜻한 느낌이었습니다.

"베일을 벗다."

원래 베일[veil]은 면사포를 말하는데요. 결혼식장의 드레스를 입은 신부의 모습은 보일 듯 말 듯 면사포로 가리고 있죠. 예전에는 신부가 신랑의 집에 처음 갈 때는 머리끝에서 발끝까지 온몸을 천으로 가렸다고 합니다. 지금은 머리에 면사포를 쓰는 것으로 그 풍속이 남아 있죠.

베일을 벗는다는 것은 그동안 감추어져 있던 것이 드러난다는 뜻입니다. 때론 거짓, 폭로, 증거, 비리 등 부정적인 것들과 맞물려 쓰이기도 하지만 진실, 신비, 궁금증, 상상, 기대, 희망 등 긍정적인 열림으로 쓰이곤 합니다. 그런데 감추어진 것은 반드시 드러나는 것이 진리입니다. 신부의 아름다운 얼굴이 마침내 드러나듯이 말이죠.

마음공부를 하는 우리에게도 베일을 벗는 것은 중요할 것 같습니다. 감추고 속이는 것들이 많기 때문입니다. 그 사람의 속을, 진실을 제대로 알 수 없지요. 베일을 벗고 자기 모습을 당당하게 드러내야 합니다.

가식과 편견에서 벗어나 사람의 진실, 진정이 그대로 드러나면 좋겠습니다. 아만과 독선, 고집에서 벗어나 겸양, 존중, 공경의 모습이 그대로 드러나면 좋겠습니다.

저는 매일 교당 건축 현장에 가는 발걸음이 즐겁고 기쁩니다. 오늘은 어떤 모습으로 새롭게 변해 있을지, 하나씩 채워가고 색깔이 입혀지는 모습을 보면서 온전한 교당의 모습을 그려보며 웃음 짓습니다. 주변에서 교당 짓느라 힘들겠다고 하는데 저는 오히려 교당 갈 때마다 힘을 얻고 있습니다.

환히 드러난 교당의 모습을 보고 교도님들이 환하게 미소 지으면 좋겠습니다. 내 집, 내 교당, 내 고향의 따뜻함과 포근함이 그

대로 전해지면 좋겠습니다.

교당의 모습이 온전하게 드러났습니다.
나의 본래 모습이 온전하게 드러났습니다.
둘 다 원만구족하고 지공무사한 모습입니다.

○ 원기107년 6월 17일

흔들리며 피는 꽃

저는 지금 일주일간의 교무훈련에 참석 중입니다. 교당 신축이 한창 바쁜 상황임에도 '바쁠수록 쉬어 간다'라는 마음으로 훈련에 임하고 있습니다. 우선, 너무 편하고 좋습니다. 몸도 마음도 건강해짐을 느낄 수 있었습니다.

어제는 강의 중 도종환 시인의 시 〈흔들리며 피는 꽃〉을 접할 수 있었습니다. 너무 익숙한 시였지만 핵심 되는 부분만 알고 있었기에 이번에 새롭게 시를 감상할 수 있어서 좋았습니다.
시 전문을 소개하면 다음과 같습니다.

"흔들리지 않고 피는 꽃이 어디 있으랴
이 세상 그 어떤 아름다운 꽃들도
다 흔들리면서 피었나니
흔들리면서 줄기를 곧게 세웠나니
흔들리지 않고 가는 사랑이 어디 있으랴

젖지 않고 피는 꽃이 어디 있으랴
이 세상 그 어떤 빛나는 꽃들도
다 젖으며 젖으며 피었나니
바람과 비에 젖으며 꽃잎 따뜻하게 피웠나니

젖지 않고 가는 삶이 어디 있으랴."

바람이 불어 흔들리고 비가 내려 적셔지는 게 자연의 이치입니다. 흔들리고 있으면 흔들리고 있다고, 젖었으면 젖었다고 알고 있고 말하면 됩니다. 당연한 일이기 때문입니다.

청소 시간에 훈련원 화단의 시든 꽃을 정리했습니다. 꽃은 말라 버렸고 줄기 또한 생명을 다했습니다. 이렇게 뽑아내면 내년 봄에 다시 피어나고 꽃을 피워냅니다. 이것이 꽃의 생명이고 일생입니다.

나무를 심을 때 묘목을 좌우로 흔들면서 자리를 잡아주고 흙이 고루 섞이게 해줍니다. 흔들면서 줄기와 가지가 제자리를 잡아갑니다. 자연은 이렇게 바람과 비가 흔들기를 통해 중심을 잡고 성장을 도와줍니다.

인생살이에 나를 흔들고 젖게 하는 일들, 경계들이 참 많지요. 그 흔들림과 적심이 잠깐의 동요와 쉬어 감은 되겠지만 이 또한 성장을 위한 큰 은혜요, 사랑입니다. 내 삶의 줄기를 곧게 세우고 뿌리를 깊게 하는 도움의 손길입니다.

아름다운 꽃들도 흔들리면서 피어납니다. 아름다운 인생도 흔들리면서 피어납니다. 그렇게 꽃을 피우고 열매를 맺습니다. 바람과 비에 젖으며 더 단단하게 성장할 겁니다.

저는 지금 훈련이라는 흔들기와 젖음을 통해 영적 성장이라는 꽃을 피우려 합니다.

○ 원기107년 6월 24일

그래서 좋다

일주일간의 교무 훈련을 마치고 돌아왔습니다.
짧은 기간이었지만 저에겐 몸과 마음을 재충전할 수 있는 소중한 시간이었고 모든 것이 좋았습니다. 훈련원 원장님께서 그러시더군요.

"이 훈련의 약발이 얼마나 갈지 모르겠습니다."

네, 훈련의 순간은 모든 것이 좋지만 훈련원을 나가는 순간부터 우리는 세상의 풍파와 수많은 경계들을 마주하게 됩니다.
이리 흔들리고 저리 흔들리다 보면 부처의 청정심은 어디론가 사라지고 중생의 산란심이 춤을 추게 되지요.

교당으로 돌아왔습니다. 노량진을 넘어 한강대교를 건너는 순간 서울, 현실 세계로 돌아옴을 직감했습니다.

그런데요. 높게 솟은 빌딩과 아파트, 그리고 도도히 흐르는 한강이 이상하리만큼 정겹게 느껴졌습니다. 참 신기하게도 말이죠.
바삐 움직이는 사람들도, 지하철 안의 사람들의 모습에서도 왠지 모를 다정함이 느껴졌습니다. 참 이상한 일입니다.

속세를 떠난 훈련원은 좋은 곳이고, 희·노·애·락·애·오·욕의 감정이 휘몰아치는 이곳 현장이 나쁜 곳이 아니라는 것이죠.
내 마음이 좋으면 다 좋게 보이고 느껴집니다.
내 마음이 싫으면 모든 게 다 싫게 됩니다.

설윤환 교무님이 작사한 원불교 둥근 노래가 있는데요.
그 제목이 〈그래서 좋다〉입니다.

"나를 칭찬해주는 사람이 있어 그래서 좋다
나를 충고해주는 사람이 있어 그래서 좋다
나를 깨우쳐주는 사람이 있어 그래서 좋다
나를 속속들이 이해하여 주어 그래서 좋다
이제서야 모두를 감사할 수 있어 그래서 좋다."

칭찬, 충고, 깨우쳐 주는, 이해해 주는 사람.
다 고마운 사람들입니다.
반대의 경우라면 어떨까요?
나를 비난, 질투, 미움, 원망한다면 당연히 싫은 마음이 날 것입니다.

그런데요. 마음 한번 돌리고 모든 분별을 다 놓으면 다 좋게 받아들여지게 됩니다. 이때의 좋음은 싫음의 반대인 좋음이 아니라 그냥 다 좋은 겁니다.

이제야 모두를 감사할 수 있어
이제야 모두를 사랑할 수 있어
이제야 모두를 용서할 수 있어

그래서 좋다.
무조건 좋다.
모든 게 좋다.

○ 원기107년 7월 1일

내 인생의 혹

만원 지하철 안에서 몸을 움직일 수도 없고 숨도 쉬기가 벅찹니다. 사람들이 많아서인지 에어컨은 영 시원하지 않습니다. 얼굴과 등줄기에 땀이 흐르고 빨리 내리면 좋겠다는 생각밖에 없습니다.
이러니 지하철을 지옥철로 부르는가, 봅니다.

꼼짝 못 하고 사람들과 딱 붙어 있는 상황에서 바로 앞에 계신 아주머니의 핸드폰 화면이 눈에 들어왔습니다. 순간적이었습니다. 일부러 보려고 한 것도 아닌데 그분의 통화가 끝난 뒤 남겨진 상대방의 선명한 이름.

'내 인생의 혹'

순간 멈칫하면서도 속으로 웃음이 배어 나왔습니다. 짐작건대, 그분의 남편분이라는 생각이 들었지만 확인할 수는 없는 일입니다.

가까운 사람의 경우 이름이 아닌 별칭으로 저장해 두는 것이 일반적인 일이죠.

'울 아들', '예쁜 자기', '마님' …

핸드폰 저장 이름에는 그것이 애칭이건 악칭이건 상대방을 대하는 감정이 담겨 있습니다.

'내 인생의 혹'

아마, 이 별칭 또한 애칭이리라 생각해 봅니다.

'혹'이란 거추장스럽고 떼어 내야 할 것이죠. 그런데 어쩔 수 없이 혹이 달린다면 어떻게 해야 할까요? 떼 낼 수도 없고, 그냥 달고 있자니 너무 힘들고.

인연의 혹으로 인해 힘들어하는 사람들이 있습니다. 안고 가야 하는 숙명이 되어버린 인연, 특히 가족이라면 받아들일 수밖에 없습니다. 그것도 나의 업보일 테니까 말이죠.

그런데요. 그 혹이라는 것이요. 떼 내야 할 대상이라고 생각하면 괴롭지만 원래 나와 한 몸이라고 생각하면 뗄 수도 없는 것입니다. 내 신체의 일부고 내가 짊어지고 가야 할 내 인생의 일부입니다. 더 이상 혹이 아니게 되지요.

정신, 육체, 물질의 분야에서 나에게 힘이 없으면 남에게 짐이 되고 혹이 되기 쉽습니다. 혹이 아닌 은혜의 덩어리, 복의 덩어리가 되면 좋을 텐데 말이죠.

한국의 설화 중 〈혹부리 영감〉이 있는데요. 마음씨가 착하면 혹을 떼고 마음씨가 나쁘면 혹을 하나 더 붙이게 된다는 줄거리입니다. 혹을 떼려다가 오히려 혹을 붙이는 일은 없기를 바랍니다.

무더위가 지속되고 있습니다. 지치고 힘들 때입니다. 힘 내시고요. 건강하고 복된 생활 되시길 기원합니다.

○ 원기107년 7월 8일

간판과 일원상 브랜드

버스를 타고 교당에 오고 있었습니다.
창밖으로 거리 풍경을 구경하고 있는데 오늘따라 유독 간판들이 눈에 들어옵니다. 다양한 모양과 색깔의 간판 행렬이 어떻게든 튀면서 눈에 들어오게끔 경쟁합니다.

간판만 봐도 그곳이 무엇 하는 곳인지 알지요.
병원, 은행, 음식점, 편의점 등. 간판의 목적은 분명 홍보에 있고 향후 인지도가 높아짐에 따라 브랜드 파워가 생기게 됩니다. 겉으로 보이는 간판만 봐도 그 내실을 알 수 있습니다.

가게들만 간판을 갖는 것은 아닙니다. 사람도 출신학교가 간판이 되기도 하고 다니는 직장이 간판이 되기도 합니다. 명문대를 나오고 유명 회사에 다닌다고 하면 우선 먹고 들어가는 것이 세상의 인식입니다. 그래도 그 간판값을 해야 인정해 줍니다.

해마다 대한민국 브랜드 대상을 뽑는데요. 각 분야의 베스트를 선정하여 시상하죠. 인지도뿐만 아니라 그만큼 소비자들에게 높은 평가를 받았다는 증거일 것입니다.

아파트 하면, ○○○

편의점 하면, ○○
커피점 하면, ○○○○

밖으로 보이는 간판이 전부는 아닙니다. 내실이 없는 과장 허위 광고는 곧 들통이 나게 마련입니다. 그렇게 되면 오히려 간판에 먹칠하게 됩니다. 내외를 진실하게 하는 것이 중요하죠. 사람도 마찬가지입니다. 인물이나 간판 보다 얼마나 속을 꽉 채우고 있느냐가 중요한 문제이죠.

지난주에 이문교당은 신축 교당 상징탑에 일원상을 거룩하게 모셨습니다. 남자 모양의 상징탑에 지름 1m40㎝, 무게 100kg, 알루미늄 합금 판형에 금가루를 섞어 황금색 자동차용 도장을 했습니다. 장중하면서 성스러운 이미지가 연출되었습니다. 참 뿌듯하고 감격스러웠습니다.

일원상이야말로 원불교의 간판이고 브랜드입니다.
아직은 세상이 일원상에 대한 인식이 부족한 것이 사실입니다.

'일원상'이라는 이름도 모르고 그냥 동그라미인 거죠. 그래도 대부분 사람이 일원상이 걸린 종교가 원불교라는 것을 알고 있습니다.

이제 일원상 깃발을 높이 걸었으니, 사람들이 그 일원상의 실체와 내용에 대해 알아가고 닮아가도록 해야 합니다.

또한 일원의 광명과 위력이 널리 비쳐 세상의 빛이 되고 희망이 되면 좋겠습니다.

일원상 앞에 합장 경배합니다.

○ 원기107년 7월 15일

다섯,
꽃집에는 꽃향기가 난다

하고 싶은 일, 하기 싫은 일

필리핀에 이런 속담이 있다고 합니다.

"하고 싶은 일은 방법이 보이고
하기 싫은 일은 핑계가 보인다."

네, 맞는 말인 것 같습니다. 저도 그러더라고요. 하고 싶은 일은 어떻게 해서라도 그 방법을 찾고, 하기 싫은 일은 어떻게 해서라도 핑계를 찾더군요. 그래서 동기부여가 매우 중요합니다. 그 일의 정당성뿐만 아니라 하고 싶은 마음이 나게 해야지요.

나에게 하고 싶은 일은 무엇일까요?
나에게 하기 싫은 일은 무엇일까요?

하고 싶은 것과 하기 싫은 것의 경계는 '욕심'이라는 생각이 들었습니다. 나에게 이익되는 것은 하려고 하고, 해가 되는 것은 하지 않으려 하는 게 사람의 심리입니다. 당연히 정신적, 물질적, 경제적인 것을 고려하겠죠.

그런데요. 세상일은 하고 싶어도 하지 말아야 할 일이 있고, 하기 싫어도 해야 할 일들이 있습니다.

오래전에 함께 근무했던 교무님이 있습니다. 그분이 맡은 업무가 본인이 하기 싫어하는 일이었는데요. 옆에서 보기에도 참 힘들게 보였습니다. 좋아하지 않는 일을 할 수밖에 없으니 말이죠. 그런데요. 그 교무님은 이렇게 말했습니다.

"처음엔 하기 싫어했던 일도 좋아하는 마음으로 하다 보면 그 일이 해지더라고요."

이것이 참 어려운 일입니다. 싫어하는 것을 좋아하는 것으로 만드는 것. 마음을 돌리지 않으면 안 되는 일입니다. 마음을 잘 먹어야 돌릴 수 있습니다.

지난달에 교무훈련을 다녀왔었는데요. 훈련원에 도착해서 접수해보니 저에게 단장의 직함이 부여되어 있었습니다. 속으로 그랬죠. '또 단장이야. 이젠 벗어날 때도 되었건만.'

10년 이상 단장을 하는 것 같습니다. 이젠 후배 교무님 학년에서 할 수도 있는데 아직도 내게 단장을 시키는 것에 대해 약간의 불만이 생겼습니다. 하기 싫은 일이었습니다. 이번 훈련엔 10번 넘게 단 모임이 있으니 이번 훈련은 꼼짝 못 하게 되었구나, 생각했습니다.

옆에 있는 동창 교무님이 그럽니다.
"단장, 그것도 할 만한 사람이 하는 거야."

"덕희 교무는 그래도 인정받는 거야."
그 교무님은 지금껏 단장을 한 번도 맡지 않았다고 합니다.

그때 제 마음을 돌렸습니다.
'이왕 맡겨진 일, 기분 좋게 하자.'
'누군가 해야 할 일이라면 내가 하자.'

결과적으로 훈련을 마치는 해제식에 이르러 저도 만족하고 단원들도 만족하는 단 모임이 되었습니다. 만약에 하기 싫어하는 마음으로 했다면 일주일의 시간이 그렇게 보람되지 못했을뿐더러 단원들에게도 미안함이 자리할 뻔했습니다.

소태산 대종사님께서 말씀하십니다.
"여의보주如意寶珠가 따로 없나니, 마음에 욕심을 떼고
하고 싶은 것과 하기 싫은 것에 자유자재하고 보면
그것이 곧 여의보주니라."

뜻대로, 마음대로 되는
여의보주를 하나씩 가지면 좋겠습니다.

○ 원기107년 7월 22일

카페 이름 공모

신축 교당 1층에 카페가 마련됩니다. 교당에서 직영하는 형태로 교화용+약간의 상업용 공간입니다. 교도님들에게는 휴식과 친목의 공간, 지역 주민들에게는 소통과 나눔의 공간이 되면 좋겠습니다.

교도님들을 대상으로 카페 이름 공모 공지를 올렸습니다. 선정 기준은 크게 세 가지인데요.
첫째는 원불교의 정체성
둘째는 대중성
셋째는 홍보성입니다.
교당 카페이다 보니 일반카페와는 달리 원불교의 정신이 간접적으로 드러나야 하고요. 그런데도 대중들이 낯설지 않고 친근감을 느낄 수 있어야 하며, 겸하여 쉽게 알고 전달할 수 있는 이름이면 좋겠다는 거지요. 이 조건을 다 채우기란 좀 어렵긴 하죠.

이런 기준을 가지고 교당 카톡방에 공지를 올렸습니다. 시상 내용과 심사 기준, 심사 과정 등을 올려 가능한 많은 사람이 참여하고 객관적이고 투명한 선정 절차를 거치고자 하였습니다.

처음엔 교도님들의 참여율이 저조하면 어떡하지, 걱정도 했습니다. 그런데 기대 이상으로 공모에 참여하셨고 예쁘고 멋진 이름들이 모였습니다. 이름과 그 이름을 짓게 된 이유 배경 등을 곁들이니 의미가 살아나고 이름들이 반짝반짝 빛나기 시작했습니다.

지금껏 나온 이름들을 보면서 그런 감상이 들었습니다.
첫째는 우리 교도님들이 원불교를 사랑하는 마음을 엿볼 수 있었고요.
둘째는 나이와 교당 경력이 있는 분들의 사고와 젊고 경력이 짧은 교도님들의 생각에 차이가 있음을요.
셋째는 여러 사람이 지혜를 모으는 집단지성의 힘을 느낄 수 있었습니다.

공모된 이름들을 접하면서 저 자신을 돌아보는 계기도 되었습니다. '나는 원불교 교무라는 이름과 원불교의 가치에 너무 경직되어 있지는 않나.'라는 생각입니다. 좋게 생각하면 신심이 있는 거고 반대로는 생각이 말랑말랑하지 못한 것이지요. 그래서 낯설게 느껴지고 다가가기 어려운 사람이 되는 거지요.

어쨌든 이번 카페 이름 공모는 교도님들의 많은 관심을 끌어낼 수 있었습니다. 또한 원불교다움과 친근한 이미지의 원불교를 생각해 보는 좋은 계기가 되었다고 생각합니다. 앞으로 우리 교도님들뿐 아니라 많은 사람이 공감하고 호감을 느낄 수 있는 카페 이름이 결정되면 좋겠습니다. 그리고 더 중요한 것은 그 이름에 걸맞게 교당 카페가 운영되는 일입니다.

궁금하시죠?
당선작 1인 시상은 중구에 있는 ○○호텔 런치 뷔페 2인 식사권입니다.
행운의 주인공은 누가 될까요?

○ 원기107년 7월 29일

사유思惟의 방

가족과 함께 국립중앙박물관 관람을 하였습니다. 국보國寶 반가사유상 두 점이 전시되어 있었는데요. 이렇게 반가사유상 두 점이 동시에 한 공간에 전시된 것은 처음이라고 합니다.

반가사유半跏思惟!
오른쪽 발을 왼쪽 무릎 위에 얹어놓고 약간 비스듬히 몸을 숙인 상태에서 무언가를 생각하고 있는 모습입니다.

전시실에 들어가는 입구에서부터 어둠의 긴 통로가 사유의 방을 안내하고 전시 공간에 들어서면 두 분의 미륵부처님이 숭고한 자태와 그윽한 미소로 맞이합니다. 마치 기다리고 있었다는 표정입니다.

'사유의 방'이라는 명칭처럼 그 공간 자체가 굉장히 넓었고 조명은 반가사유상을 은은하게 비추고 있습니다. 어둠 속에서 빛나는 미륵부처님의 모습이 참 아름답기에 그지없습니다. 천년을 뛰어넘는 예술혼을 마주하는 감동은 이루 말로 표현할 수 없을 정도입니다.

사유의 방은 돌면서 부처님의 전신을 볼 수 있는 구조입니다. 마

치 탑돌이를 하듯이 360도를 천천히 살피다 보면 그 섬세함과
또는 단순미가 전해주는 진한 감동을 할 수 있습니다.
섬세함과 단순함의 대비, 그윽함과 화려함의 극치.
사유의 방에 들어가면 바로 이런 글귀가 있습니다.

"사유思惟!
두루 헤아리며, 깊은 생각에 잠기는 시간"

깊이 생각하는 시간
밖으로 향했던 마음을 안으로 돌리는 시간
잡는 것이 아니라 놓는 시간
알기 위함이 아니라 비우는 시간

바쁜 현대인들이 찾아야 할 사유의 방입니다.

검색檢索이 아닌 사색思索
분별사량分別思量이 아닌 진심사유眞心思惟
명리名利가 아닌 명상冥想

사유의 방에서
참 지혜와 참 행복을 찾으시길 기원합니다.

○ 원기107년 8월 5일

교당 이사와 정리

많은 분의 도움으로 교당 이사를 무사히 마쳤습니다. 터전을 옮긴다는 것은 큰일이더군요. 챙겨가야 할 것, 버려야 할 것. 정작 짐을 챙겨보니 생각 외로 많아 놀랐습니다. 그래도 이참에 버릴 건 과감하게 버렸습니다. 쓸 만한 것은 잘 나누기도 했습니다.

이사를 하게 되면 자연스레 짐 정리가 됩니다. 우리의 마음도 그런 것 같아요. 정리도 해야 하고 버리기도 해야 합니다. 그리고 새로운 것들을 맞이하기도 해야 합니다. 그동안 익숙했던 것들과 이별해야 하고 낯선 것들을 받아들이고 적응해야 합니다. 가끔 마음 이사를 통한 새로운 변화가 활력을 주고 새 길을 열어주게 됩니다.

비록 임시 교당이었지만 2년 반 동안 정이 들었는지 떠난다는 것이 시원섭섭했습니다. 벌써 외대 역 근처에서 6년째 살았으니까요. 비록 500m 정도 옮긴 것이지만 이제 새 교당은 새로운 지역과 환경이 되었습니다. 외대 앞 도로의 약간의 번화함과 번잡함이 없습니다. 식당을 찾아 밥을 사 먹는 것도 불편함이 느껴집니다. 그래도 이젠 이곳이 우리 교당이고 우리 터전입니다.

이번에 내린 큰비에도 피해가 없는 걸 보니 우선 안심이 됩니다.

집이라는 게 물 새는 것이 가장 큰 걱정거리인데, 상수 하수 일
단은 잘 잡힌 것 같아서 다행입니다.
아직 손볼 곳, 마무리할 것들이 계속 생겨납니다. 최소 한두 달
은 살아야 자리를 잡을 것 같습니다. 새집이니 어쩔 수 없는 일
입니다.

새집이라 그런지 잘해놓고 싶은 욕심이 자꾸 생깁니다. 새집에
걸맞게, 그러나 과하지 않게 갖추고 사용하는 것이 중요합니다.
힘주어야 할 곳에 힘주고, 힘 빼야 할 곳에는 힘을 빼는 것이지
요. 그래도 어느 정도의 수준을 갖추는 것이 중요하다는 생각입
니다.

새 교당을 방문하신 어느 교무님이 이렇게 말씀하시더군요.

"서울은[이문교당은] 수준이 달라."

네, 큰 칭찬으로 받아들이고 싶습니다. 액자 하나, 가구 하나 다
세련되고 멋지게 보이면 좋겠습니다. 우리 교도님들에게 교당이
자랑거리가 되면 좋겠습니다. 물론 안에 갖추고 있는 마음공부
실력이 더 중요하겠지요.

이제 새 교당에 우리 교도님들의 손때가 묻을 것입니다. 하나하
나 익숙해지고 정이 들겠지요. 수많은 교당의 주인들이 교당을
알뜰히 관리하고 사랑할 것입니다. 그 가운데 웃음의 꽃이 피고

행복의 미소가 번질 것입니다. 그게 사람 사는 맛이고 마음공부 하는 사람들의 기쁨이고 보람입니다.

이제 이문교당은 우리만의 교당이 아니고 모두의 교당이 되면 좋겠습니다. 오고 싶고 머물고 싶은 교당, 잘 모르는 사람도 궁금해서 들어오고 싶은 교당을 만드는 것이지요.

문턱이 낮아 누구든지 쉽게 넘나들고
이곳 이문동 지역 사람들의
사랑방이 되고 마음의 쉼터가 되길 기원해 봅니다.

○ 원기107년 8월 12일

멈추고 감사하면 행복

새 교당 출입문 유리창에
'멈추고 감사하면 행복'이라는 글귀를 새겨 넣었습니다.
왼쪽엔 교당 로고, 오른쪽에 '멈추고 감사하면 행복'
디자인적으로도 보기 좋게 하려고 했는데요. 단지 예쁜 것보다 더 중요한 것은 이 문구가 우리 교도님들의 공부 표준이 되면 좋겠습니다.

누구나 행복한 삶을 원합니다. 그러나 실제는 행복과는 동떨어진 행동을 합니다. 조급함과 욕심, 불평과 원망 이런 것들이 습관화되어 있습니다. 해야 할 것을 하지 않고 하지 말아야 할 것들을 골라서 합니다.

저는 수행의 첫걸음이자 핵심이 '멈춤'이라고 생각합니다. 요란할 때, 화가 날 때, 욕심이 날 때 우선 멈춰야 합니다. 그리고 지켜봐야 합니다. 멈춰질 때까지, 고요해질 때까지. 멈춘 뒤에 평화가 따라오고 생각이 밝아집니다.

저는 신앙의 첫걸음이자 핵심이 '감사'라고 생각합니다. 억울한 일, 원망스러운 일, 실망스러운 일을 당하더라도 우선 감사해야 합니다. 처음엔 없던 감사가 한둘씩 생겨나고 반대로 억울, 원망, 실망들이 사라져 갑니다. 용기가 생기고 희망이 보입니다.
멈추고 감사하면 행복할 수밖에 없습니다.
저도 화가 날 때도 있고, 억울할 때도 있고, 원망스러울 때도 있습니다. 그런데 어찌합니까! 배우고 수행한 것이 그것인데 멈추고 감사해야 하지요. 그것이 인과이고 마음공부이니 따를 수밖에요.

상대방의 마음과 생각을 바꾸는 것보다 내 마음과 생각을 바꾸는 것이 더 빠르고 현명한 일입니다.
그런데요. 습관화되고 굳어진 마음과 생각을 바꾸는 것이 진짜 어렵다는 것을 요즘 체감합니다. 경계가 없을 때는 다 부처님이지만 조그마한 경계에도 힘없이 무너질 때가 많습니다.
그래도 어찌합니까! 하고 또 하는 수밖에요.

'멈추고 감사하면 행복'

매일 주문처럼 외우고
경계마다 대조하다 보면
행복한 삶은 그 가운데 있을 것입니다.

오늘도 잘 멈추고
오늘도 많이 감사하며 살겠습니다.
감사합니다.

○ 원기107년 8월 19일

찬 바람이 불면

절기상 처서가 지나서인지 날씨가 꽤 선선해졌습니다. 계절로는 여름의 끝자락인데 요즘 같으면, 지낼 만하고 살만합니다. 이렇게 시간은 어김없이 흘러 가을에 접어듭니다.

불어오는 바람, 느껴지는 바람부터 다릅니다. 그토록 강렬했던 햇볕의 따가움도 이젠 매우 무뎌져 엷은 따스함이 느껴집니다. 이 모든 변화는 자연의 위대한 조화입니다.

자연의 변화는 음양陰陽의 조화입니다. 음과 양의 비율에 따라 계절과 날씨가 달라지죠. 번성했던 양陽의 기운이 서서히 사그라지고 보이지 않던 음陰의 기운이 서서히 자라납니다. 찬 바람이 분다는 것은 음의 기운이 점차 커짐을 의미합니다.

찬 바람이 부니 문득 떠오르는 노래가 있습니다.
김지연 가수의 〈찬 바람이 불면〉인데요.

"찬 바람이 불면 내가 떠난 줄 아세요.
스쳐 가는 바람 뒤로 그리움만 남긴 채
낙엽이 지면 내가 떠난 줄 아세요.
떨어지는 낙엽 위에 추억만이 남아 있겠죠

한때는 내 어린 마음 흔들어주던
그대의 따뜻한 눈빛이
그렇게도 차갑게 변해버린 건
계절이 바뀌는 탓일까요."

낙엽, 이별, 추억….
찬바람의 감성으로 쓰인 단어들입니다. 누군가는 이렇게 쓸쓸함을 노래하지만, 수도인에게 찬바람은 수양의 계절로 다가옵니다.

찬 바람이 불면 좌복을 옆에 끼고 선실로 향하는 발걸음이 잦아집니다. 상단전에 맑은 바람[淸風]이 불어오고, 맑은 바람 불어오니 마음 달이 자연스레 떠오르고 법계에 현풍玄風이 충만해집니다.

한 학인이 정산 종사께 묻습니다.
"정토淨土가 서방西方에 있다 하오니 무슨 뜻입니까?"

정산 종사 말씀하십니다.
"서방은 오행으로 금에 속하고 금은 가을 기운에 속한다 하나니, 가을은 맑고 서늘한지라 맑고 가라앉은 우리의 마음 기운을 서방으로 상징한 것이니라. 그러므로 우리의 정신이 온전하여 맑고 서늘하면 시방 세계 어디나 다 정토니라."

서방 정토 극락!

찬 바람이 불면 내가 떠난 줄 아세요.
맑은 바람 불어오는 그곳으로 갑니다.
혼자라도 좋겠지만 함께라면 더 기쁘고 행복할 것입니다.

○ 원기107년 8월 26일

놀고 있는 가을 햇볕

아침저녁으론 기온이 선선하지만,
한낮 햇볕의 따사로움은 여전합니다.
아직 덥다는 제 말을 듣고 한 교도님이 말씀하십니다.

"교무님, 그래야 벼가 익지요."
"네, 맞습니다. 가을 햇살에 과일이나 곡식들이 영글지요."

가을 햇볕을 맞으며 정진규 시인의
〈놀고 있는 햇볕이 아깝다〉라는 시가 떠올랐습니다.

"놀고 있는 햇볕이 아깝다는 말씀을 아시는가.
이것은 나락도 다 거두어 갈무리하고
고추도 말려서 장에 내고 참깨도 털고
겨우 한가해지기 시작하던 늦가을 어느 날
농사꾼 아우가 무심코 한 말이다.

어디 버릴 것이 있겠는가.
열매 살려내는 햇볕,
그걸 버린다는 말씀이라고 가당키나 하는가.
햇볕이 아깝다는 말씀은

끊임없이 무언갈 자꾸 살려내고 싶다는 말이다.
~중략~

세상엔 지금 햇볕이 지천으로 놀고 있다.
햇볕이 아깝다는 뜻을 아는 사람은 지금 아무도 없다.
사람아, 사람아 젖어 있는 사람들아.
그대들을 햇볕에 내어 말려라.
햇볕에 내어 말려 쓰거라.
끊임없이 살려 내거라.
놀고 있는 햇볕이 스스로 제가 아깝다 아깝다 한다."

놀고 있는 햇볕을 안타깝게 바라보는 마음, 젖어 있는 사람의 마음을 말리고 싶은 마음, 더 말리고 영글어 꽉 찬 열매가 되기를 바라는 마음. 농부의 마음이고, 수행자의 마음이기도 합니다.

우리는 마음 농사를 짓는 심농부心農夫입니다.
마음 밭을 일구고
마음씨를 뿌리고
마음 작물을 가꾸고
마음의 열매를 수확하는 마음 농부입니다.

소태산 대종사님께서는 저희 공부인들에게
"심전 농사에 크게 성공하는 모범적 농부가 되어보라."고 하셨습니다.

눈을 크게 뜨고
귀를 크게 열고 보면
우리의 마음을 영글고 살찌게 할 햇볕이 지천으로 널려 있습니다.

무한히 베풀어주는 은혜
알게 모르게 도와주고 이끌어주는 은혜
때론 성난 파도로 달려오는 경계라 할지라도
마음의 열매를 더 단단하고 실하게 만들어 주는 은혜의 선물입니다.

놀고 있는 가을 햇볕!

놀고 있는 가을 햇볕은 없는 것 같습니다.

○ 원기107년 9월 2일

꽃집에는 꽃향기가 난다

추석 명절 합동향례 꽃꽂이를 위해 창동 꽃 도매시장에 갔습니다. 지하 2층에 있는 꽃시장을 계단으로 내려가는데 아래에서부터 꽃향기가 품어져 올라왔습니다. 순간 기분이 좋아지고 향긋해졌습니다.

꽃집에 꽃향기가 풍기는 것은 당연합니다. 꽃에는 '냄새'보다는 '향기'라는 단어가 더 어울립니다. 냄새는 냄새지만 꽃이 지니는 아름다움이 향기로 피어나기 때문입니다.

냄새[香]에도 기운[氣]이 있습니다. 사람을 흥분시키기도 하고 차분하고 편안하게도 합니다. 향이 지니는 기운의 강도에 따라 천리향千里香을 뿜어내기도 합니다.

『법구경』에 나오는 부처님 말씀인데요.
"향을 싼 종이는 향냄새가 나고 생선을 싼 종이에서는 비린내가 나듯이 어떤 물건이나 본래는 깨끗하였건만, 모두 인연을 따라 죄와 복을 일으킨다. 어리석고 게으른 사람을 가까이하면 냄새 나는 물건을 가까이하는 것 같아 차츰차츰 잘못된 행동을 몸에 익혀 자신도 모르게 악한 사람이 된다. 어질고 선한 사람을 가까이하면 향냄새를 가까이하는 것 같아 나날이 착하고 지혜로워져 아름답고 고귀한 사람이 된다."

사람에게도 각자의 냄새가 있습니다. 냄새를 만들기도 하고 다른 냄새가 나에게 배이기도 합니다. 누구를 만나고 어떤 일을 하느냐에 따라 사람이 갖는 향기가 결정됩니다.

나는 어떤 냄새를 풍기며 살아갈까. 포근하고 편안한, 또 어느 정도는 달콤함까지. 그래서 누구나 좋아하고 반겨주는 사람이면 좋겠습니다.

내일이면 추석 명절입니다.
고향을 찾고 성묘를 하게 될 텐데요.
고향에도 고향의 냄새가 있습니다.
도시에서는 느낄 수 없는 흙과 풀과 나무,
그리고 바람에도 느껴지는 냄새가 다릅니다.

저는 고향인 장수를 가게 되는데요.
고향이 보이는 길목에 접어들면 왠지 모를 고향의 냄새, 향수鄕愁에 젖게 됩니다.
어릴 적 뛰어놀던 옛 동산에 올라 보고 노란 가을 들녘을 바라보며 고향의 옛 정취에 잠겨도 볼 예정입니다.

꽃집에는 꽃향기가 납니다. 사람이 사는 곳엔 사람 냄새가[情] 나고, 법 있게 사는 사람은 법향法香이 풍겨 나옵니다. 그런 좋은 향기들이 천 리를 가면 좋겠습니다. 널리 널리 퍼져서 아름다운 향내 가득한 세상이 되면 좋겠습니다.

즐겁고 행복한 추석 한가위 되시길 기원합니다.

○ 원기107년 9월 9일

모르는 사람 돕기

'모르는 사람 돕기'는 영화 '버킷 리스트'에 나오는 목록 중 하나입니다. 선한 행동 중에도 스스로 해야 하는 선행입니다. 쉽지 않은 일이라는 것이지요.

나에게 잘하는 사람에게는 나 또한 잘해야 하고 잘할 수 있습니다. 내가 무언가 신세를 져야 할 사람에게는 내가 먼저 스스로 잘하게 됩니다. 이것이 세상 사는 법이기도 합니다.

생판 모르는 사람, 나에겐 전혀 이익이 되지 않을 것 같은 사람, 그냥 길 가다가 우연히 마주칠 수 있는 사람, 그런 사람을 내 마음을 다해 도와줄 수 있을까요?

남을 돕는 것, 남을 위해 봉사하는 것!
대부분의 많은 사람이 이해利害를 따지고, 유불리有不利를 저울질합니다. 손해 보지 않으려 하고 내가 더 많이 갖길 원합니다.

공자님께서는 물에 빠진 아이를 보면 그 아이가 누구의 아인지를 가리지 않고 가서 구해줄 것이라고 했고, 이를 측은지심惻隱之心이라고 했습니다. 인간의 본성에는 이 측은지심이 있고, 이를 길러나가면 인仁의 덕을 이룰 수 있다고 했습니다.

가끔 TV를 통해 아름다운 미담을 접하곤 합니다.
심장마비로 쓰러진 사람을 돕는다든가, 차에 깔린 사람을 돕는다든가….
모르는 사람에게 도움을 줄 경우는 많습니다. 그 사람이 아는 사람이라서 도와주는 것이 아니라 그 상황이 안타까워서 도와주게 됩니다.

세상엔 아는 사람보다 모르는 사람이 더 많습니다. 꼭 대가를 바라고 해서는 안 되지만, 모르는 사람을 도왔을 때 나 또한 모르는 사람으로부터 도움을 받을 수 있습니다.

우리 공부인들은 또 한 가지 유념할 것이 있습니다. 그것은 '모르게 돕기'입니다. 예수님께서는 오른손이 한 일을 왼손도 모르게 하라고 하셨습니다. 내가 한 일도 모르게, 잊어야 한다는 말씀입니다. 이것이 상 없음의 공덕입니다. 무상공덕無相功德이라 말할 수 있습니다.

조금 도와준 일도 자랑하려 하고, 알아주길 원하고, 그렇지 않으면 서운해하기도 합니다. 심하면 원망심이 나기도 합니다. 이러면 아예 처음부터 도와주지 않는 것이 나을 수도 있습니다. 오히려 남을 돕는 것이 상대방에게 부담을 주거나 나에겐 아상我相만 키워 간다면 오히려 작은 선행이 죄를 짓게 되는 것이지요.

모르는 사람을 돕는 일은 그 사람에게도 도움이 되겠지만 나에게도 샘솟는 기쁨이 되고 행복한 나눔의 행위입니다. 돕되, 남모르게 돕고 하되, 한 바가 없는 무상無相의 경지를 체험하는 것도 값진 일입니다.

'모르는 사람 돕기.'
일회성 버킷 리스트가 아니라
평생의 버킷 리스트가 되면 좋겠습니다.

또 다른 멋진 버킷 리스트도 생각해 보면 어떨까요.

○ 원기107년 9월 16일

이 바쁜 와중에도

요즘 주변으로부터 많이 듣는 인사가 "많이 바쁘시죠?"입니다. 저는 이렇게 답합니다. "아니요. 괜찮습니다."

네, 교당 신축 마무리와 봉불식 준비로 수고한다는 인사이고요. 저는 애써 여유를 찾아보려는 답변이기도 합니다. 바삐 보내는 것이 사실이지만 그래도 정신없이 바삐 보내는 것은 아닌 것 같습니다.
미리미리 처리해야 할 것, 천천히 해도 될 일들을 구분하여서 하다 보니 약간의 여유도 있습니다.

준비 없이 일을 당하면 우왕좌왕 당황하기 쉽고 실수도 잦고 결국 일을 그르치게 됩니다. 문제는 전혀 예상하지 못한 일이 갑자기 터지는 경우인데요. 이때는 평소 실력이 시험받는 때이기도 합니다. 얼마나 순발력 있게 대처하느냐, 이것이 그 사람의 실력입니다.

우리는 초고속 사회에 살고 있습니다. 한국인의 '빨리빨리' 문화가 문제시되기도 하지만 어쩌면 새로운 시대가 가장 잘 적응할 수 있는 문화이기도 합니다. 중요한 것은 빠르되 정확해야 한다는 거죠.

바쁘고 빠른 시대에 살수록 내면 깊은 곳에서는 여유와 안정감이 필요합니다. 바다 위에는 수없는 파도가 일렁이지만, 심해에는 미동도 없을 정도의 장중함이 자리하고 있습니다. 동중정動中靜할 수 있어야 한다는 것이지요.

일을 같이해보면 그 사람의 성격을 대강 알 수 있습니다. 급한 사람인지 느긋한 사람인지, 정확한 사람인지 허술한 사람인지, 말만 내세우는 사람인지 몸으로 보여주는 사람인지, 흐지부지한 사람인지 끝까지 책임지는 사람인지.

평상시에는 보이지 않던 모습이 다급하게 처리해야 할 일이 생기면 그 모습이 그대로 드러납니다. 저 같은 경우는 일할 때 고쳐야 할 것이 있는데요. 그것은, 협력하지 않고 혼자 처리하는 경향이 있다는 것입니다. 다른 사람에게 신세를 지지 않으려는 마음도 있고 혼자 일하는 것이 더 빠르겠다는 생각 때문입니다.

그런데 경험해 보니까. 혼자만이 생각하는 편협함, 혼자 했을 때 감당해야 하는 과부하, 혼자 했을 때 얻는 성취감, 둘이나 셋이 했을 때보다 더 나을 수 없다는 것이 제 결론입니다. 그래서 웬만하면 다른 사람에게 묻고 다른 사람과 함께 하려고 노력 중입니다.

'이 바쁜 와중에도'
바쁘다는 핑계가 되어서는 안 되고

바쁜 중에도 나름 여유를 가져야 하고
바쁜 중에도 정확하고 끝까지 해야 하고
바쁜 중에도 일만 보지 말고 사람을 소중하게 생각해야 합니다.
사람을 잃으면 행복도 잃게 되니까요.

○ 원기107년 9월 23일

전문가의 식견識見

교당 카페 가구를 고르기 위해 마석에 있는 공장에 갔습니다. 미리 홈페이지를 통해 원하는 물건들을 찾아보았고, 이젠 직접 눈으로 확인하고 구매하는 과정입니다. 이번에 특별하게 동행하게 된 분은 교당 인테리어 공사를 하신 사장님입니다. 전문가의 식견을 빌리기 위함이었지요.

넓은 매장에 탁자와 의자 등이 전시되어 있었습니다. 요즘 인터넷 쇼핑이 대세이다 보니 화면으로만 보고 물건을 구매했다가 실제 받아보고 실망하는 예도 많습니다. 중요한 물건이니만큼 직접 보고 고르는 것이 맞겠다는 생각이었습니다.

제 나름대로 인터넷을 통해 미리 골라 놓았던 상품들을 확인 작업을 했습니다. 그러면서 전문가인 디자인 사장님께 물었죠.

"사장님. 이것은 어떠세요? 저는 괜찮은 거 같은데요."
"교무님. 이 의자는 여느 식당에 가면 볼 수 있는 의자에요. 카페 의자로는 맞지 않은 것 같습니다."

그 말을 듣고 보니, '아, 맞다. 이런 스타일은 식당 의자지.'라고 바로 알아차렸습니다.

제 딴에는 고르고 골랐고, 나름 괜찮다고 생각했는데 그게 아니었습니다. 그 이후 일 처리는 전문가의 식견에 힘입어 색상, 디자인, 가격, 기존 인테리어와의 조화 등을 고려하여 물건을 구매할 수 있었습니다. 그리고 인테리어 사장님과 같이 물건을 고르길 참 잘했다는 생각도 했습니다.

전문가의 식견! 우리 원불교적 표현은 지자智者인데요. 소태산 대종사님은 "나보다 더 아는 이를 스승 삼아라." 하셨습니다. 솔성의 도와 인사의 덕행, 모든 정사를 하는 것, 생활에 대한 지식, 학문과 기술, 기타 모든 상식이 자기 이상이 되고 보면 스승으로 알라고 하셨습니다.

지적 아만과 자존심, 배우기를 부끄러이 여기는 치심과 게으름, 이런 생각과 마음들이 전문가를 인정하지 않는 마음입니다. 전문가란 그 분야에 지식과 경험 등이 충분히 갖춰진 사람입니다. 인정하고 받아들이기를 주저하지 않아야 하는 이유입니다.

그러면서 저 자신을 돌아보았습니다.
'나는 원불교 교무로서 전문가인가?'
'남들이 인정하고 따를 수 있는 전문가인가?'
매우 부족함을 인정하면서 진짜 전문가가 되어야겠다는 다짐을 해봅니다.

○ 원기107년 9월 30일

호념지촉대 護念之燭臺

신축 교당의 계단은 일종의 '성지순례 코스'입니다. 원불교의 성지인 영산, 변산, 익산, 성주, 만덕산 성지 사진을 계단 중간벽에 걸어 두었습니다. 엘리베이터가 있는 관계로 계단 이용이 많지는 않을 텐데요. 약간은 힘든 5층까지의 계단을 오르면서 성지순례의 마음을 가져보면 좋겠다는 생각입니다.

4층에서 5층 옥상까지 올라가는 계단 중간에는 특별한 공간이 꾸며졌습니다. 일명 '호념지촉대護念之燭臺' 공간인데요. 그곳에는 50년 동안 이문교당 불단을 밝혔던 촛대들을 모아두었습니다. 작은 글씨로 그 의미를 설명하고 있는데요.

"원기57년(1972) 이문교당 창립에서 원기107년(2022) 7월까지 불단에 촛불을 밝혀 어두운 마음 밝혀주고 세상에 은혜의 빛이 되었던 교당의 촛대들을 모아 지난 50년간 빛나는 교당의 역사를 기념하고자 합니다."

교당을 이사한다는 것은 교당의 역사가 지워지는 일이기도 합니다. 많은 것들이 새것들로 바뀌게 되니까요. 고민했습니다. 지금까지 쓰던 불전 도구들을 새 교당에 쓸 수는 없고 버리자니 벌받을 것 같고 미안하기도 했습니다.

경종, 목탁, 설교석 등 충분히 쓸 수 있는 도구들은 그대로 쓰기로 했지만, 촛대와 향로 등은 바꿀 수밖에 없었습니다. 또한 창고에는 많은 양의 촛대가 50년 세월의 흔적이 묻은 채로 보관되어 있었습니다. '그래. 이것들을 모아 작은 역사 공간을 만들어 보자.' 이렇게 해서 탄생한 것이 '호념지촛대' 공간입니다.

'호념'이라는 단어는 불교와 원불교에서 많이 쓰고 있습니다. 특히 기도문에 많이 쓰이게 되는데요.
부처님의 호념, 법신불 사은님의 호념을 기원합니다.
'호념'이란 "신이나 부처님이 선행을 닦는 중생이나 간절히 기원하는 사람을 옹호하고 보살피며 깊이 사랑해 주는 것"입니다.

부처님이, 법신불 사은님이 나를 호념하고 있다면 어떨까요?
편안하고 든든하고 힘이 나지 않을까요?
언제나 지켜주시고 보살펴 주시니까요.

지나간 것은 역사가 됩니다. 그러나 모든 것이 역사로 남는 것은 아닙니다. 잊히기도 하고, 역사가 잘못 기록되기도 합니다. 그래도 간직해야 할 것은 꼭 간직하고, 남겨둘 것은 꼭 남겨두는 것이 중요하다는 생각입니다.

교당의 역사에는 수많은 역사의 호흡이 자리하고 있습니다. 사람, 물건, 일과 행사 등 녹이 슬고, 색깔이 변하고, 자국이 남기도 했지만, 그 촛대들엔 호념하시는 간절한 기원이 담겨 있고 교당 교도님들의 신앙 수행의 흔적들이 담겨 있습니다. 소박하지만, 어쩌면 초라해 보일지라도 숭고하고 자랑스러운 역사로 간직하고 싶습니다.

법신불 사은이시여!
지금까지 그러하셨듯이
항상 은혜와 사랑으로 호념護念하여 주시옵소서.
일심으로 비옵나이다.

○ 원기107년 10월 7일

천일기도를 마치며

이문교당 신축 불사를 위한 천일기도를 결제한 날이 원기101년(2016) 5월 2일이었습니다. 그때부터 지금까지 2,300여 일이 지났고, 다음 주에는 드디어 신축 봉불식이 성스럽게 열릴 예정입니다. 6년이라는 시간이 순식간에 지나가 버린 느낌입니다.

기도를 마치는 것을 회향한다고 하는데요. 회향廻向은 회전취향廻轉趣向의 준말로 "스스로 쌓은 선근善根 공덕功德을 다른 사람에게 돌려 자타自他가 함께 불과佛果의 성취를 기하려는 것"이라고 원불교대사전에 나와 있습니다.

이런 뜻으로 보면, 회향은 마침이 아니라 돌려드리는 것이라는 생각이 들었습니다. 기도의 공덕, 신축 불사의 공덕이 널리 세상에 미치게 하는 것이지요. 나만의 공덕이 아니라 함께하는 공덕이지요.

『원불교 성가』〈회향의 노래〉가사를 보면 다음과 같습니다.

"저희들이 이 불사로 이룩한 모든 공덕 법계에 널리 미쳐
우리들 모든 중생 한결같이 선도에서
극락을 수용하며 다함께 무상불도

이루게 하옵소서 이루게 하옵소서."

이 모든 공덕과 기원이
천일기도 불사 동참인들에게 돌아가길 간절히 두 손 모읍니다.

천일기도 동안 매일 하루도 빠지지 않고 기도를 올린다는 것이 보통 정성이 아니면 안 된다는 것을 알게 되었습니다. 교당 교무로서 의무감도 있었지만, 교당 신축과 동참인들의 축원 기도를 생각할 때 정성을 다하지 않을 수 없었습니다. 또한 매일 새벽을 가르며 함께해주신 기도 동지들이 있었기에 가능했던 일이었습니다. 이분들에게 특별히 감사의 인사를 전하고 싶습니다.

이제 10월 16일(일)이면 천일기도를 마치게 됩니다. 그날은 더욱더 간절하게 기도 올리려 합니다. 특히 천일기도 동참인들의 이름을 부를 때마다 각자의 기원들이 꼭 성취되길 염원하겠습니다. 이 수많은 분과 인연 맺게 됨도 저에겐 크나큰 은혜입니다.

"법신불 사은이시여!
천일기도 축원인들이 염원하는바 출생, 건강, 대입, 취직, 결혼, 진급, 쾌유, 천도, 사업 번영 등 각자의 소망들이 뜻과 같이 이루어지길 기도합니다."

천일기도 회향!
저에겐 원남교당부터 이어져 온 10년 기도의 결산이기도 합니다. 감사할 많은 일이 있었고, 기도는 헛됨이 없음을 체험하는 소중한 기간이었습니다. 이제 마치려 함에 뿌듯함과 감사함이 가슴 가득 충만합니다. 한편으론 이제 끝난다는 것에 아쉬움과 허전함도 있습니다.

소태산 대종사님께서는 저에게 어떤 말씀을 해주실까요?
"그래. 그동안 수고했다."
"아직 멀었다. 빈 마음, 처음 마음으로 다시 시작해."

둘 다일 것 같습니다.

감사합니다.

○ 원기107년 10월 14일

교당 신축봉불식

아, 드디어 그날이 오는군요. 내일이 이문교당 신축 봉불식 날입니다. 저뿐만 아니라 이문교당 교도님들이 그토록 기다렸던 성스럽고 은혜로운 날입니다. 2,300여 일 동안 정성 다했던 열매가 맺어지는 날입니다.

교당 이사 후 두 달여 동안 차근차근 봉불식을 준비했습니다. 시설 완비는 물론 행사 전반을 꼼꼼하게 챙겼습니다. 100% 만족이야 어렵겠지만 그래도 최선을 다하려고 노력했습니다.

봉불식奉佛式은 부처님을 모시는 의식인데요. 봉불식 식순 중 '법신불 일원상'을 봉안하는 봉안문을 올리게 됩니다.
〈예문집〉에 나와 있는 봉안문의 주요 내용은 이렇습니다.

"법신불 사은이시여!
밝으신 혜광을 길이 조감 하옵시고
거룩하신 위력을 항상 가피加被하시와
모든 사기邪氣를 정화하여 주옵시고
청정한 법계를 이루어 주시오며,
저희들의 공부와 사업이 늘 진취 되와
영원한 세상에 길이 혜복의 문로가 열리게 하여 주시옵소서."

우리는 법신불 사은님의 무한한 은혜와 위력 속에서 살아가고 있습니다. 항상 보호해 주시고 이끌어주시죠. 법신불 사은님의 맑고 밝고 훈훈한 기운으로 삿되고 악한 마음이 청정한 마음으로 변하고, 어리석은 마음이 지혜로운 마음으로 변하며, 모나고 편착된 마음이 둥글고 원만한 마음으로 변하게 됩니다.

봉불식을 한다는 것은 형상으로 나타난 둥그신 일원상을 법당에 모시는 것만으로는 부족합니다. 항상 은혜와 위력을 베푸시는 부처님께 경배하고 내 안의 청정 자성의 부처님께 귀의歸依하는 것이야말로 참다운 봉불의 의미가 됩니다.

봉불식은 축하의 장이자 축제의 장입니다. 신축 불사의 성공을 자축하고 그동안 정신 육신 물질로 합력해 주신 불사 동참자들에게 감사의 마음을 전하는 날입니다. 오늘의 봉불이 있기까지 많은 분의 합심과 합력이 있었습니다. 함께해주신 모든 분께 감사의 인사를 올립니다.

정말 감사합니다.
"당신 님의 아낌없는 후원과 협력이 오늘 성스럽고 은혜로운 봉불식을 이루었습니다. 그 은혜와 사랑. 조불불사造佛佛事와 교화 대불공으로 보은하겠습니다."

감사의 인사를 마음으로만 해서는 안 되겠죠. 이번 봉불식에는 따뜻한 한방차와 커피, 달콤한 호박죽과 한과와 과일도 정성스럽게 준비했습니다. 이문교당 교도님들이 직접 담근 제주도 무농약 청귤청도 선물로 드릴 예정입니다.

봉불식을 앞두고 미리 다녀가신 분들, 전화로 축하해주신 분들, 봉불 축하금으로 마음을 전해주신 분들, 그리고 내일 직접 오시어 봉불식을 축하해주실 분들.

모든 분께 감사의 인사를 먼저 올립니다.

"소중한 분들. 함께해주셔서 감사합니다."

○ 원기107년 10월 21일

봉불식 풍경 이모저모

이문교당 신축 봉불식을 성황리에 마쳤습니다.
450명이 넘는 대중들이 참석하여 축하와 격려를 해주셨습니다. 모든 게 완벽할 순 없지만, 여러모로 원만하고 성공적인 행사였다고 자평해 보았습니다.

무엇보다 날씨가 너무 좋아서 천지님께 감사했고 교통, 안내, 응접, 의식 등 각자 맡은 바 책임을 다해 주었습니다. 교정원장님의 설법도 훌륭하고 감동적이었습니다. 식전 공연과 축하공연도 봉불식 축하 행사에 맞는 좋은 분위기를 이끌어주었습니다.

저와 교도님들이 봉불식을 앞두고 고민한 것은 정성스러운 손님 맞이에 만전을 다하고자 했습니다. 또 어떻게 하면 잔칫집 분위기가 날까, 하는 것이었습니다.

뭣 모르고 덤빈 수제 청귤청 작업도 처음엔 그렇게 손이 많이 갈 줄은 몰랐습니다. 그래도 교도님들의 정성이 담긴 선물로 부족함이 없었고요. 응접 다과로 준비한 호박죽, 한방차, 커피, 한과 등도 맛이 좋아 인기가 꽤 높았습니다.

시공사인 도듬건설의 수건, 상징탑 일원상을 제작한 원창공업사

사장님의 떡 공양까지 한마디로 푸짐하고 알찬 선물이었습니다. 다만, 아쉬운 것은 나중엔 선물이 부족하여 못 가져가신 분들에겐 미안했습니다.

많은 분이 칭찬해 주셨습니다. 교당도 세련되고 쓸모 있게 지어졌다고요. 구석구석 정성이 안 간 곳이 없더라고요. 선물도 뭐 이렇게 많이 준비했냐고요. 호박죽도 한방차도 한과도 커피도 너무 맛있었다고 합니다. 응접을 맡은 교도님들도 정신없이 바빴지만, 반응들이 좋아서 그저 신나게 일했다고 합니다.

봉불식 행사 사진, 한 장 한 장들을 모아 짧은 동영상 작업을 준비하고 있습니다. 이번 주 신축 불사 결산 법회 때 교도님들과 함께 볼 예정입니다.
"수고했어요. 고마워요."
격려와 칭찬도 아끼지 않을 생각입니다. 모든 교도님의 합심 합력으로 마친 성공적인 봉불식이었으니까요.

사정상 봉불식에 참석하지 못하신 많은 분께서 미안함과 아쉬움을 전해 왔습니다. 그리고 후일에 꼭 한번 가보고 싶다는 말씀도 해주셨습니다. 저로서는 감사한 마음뿐입니다. 방문해 주시는 날은 따뜻하고 맛있는 커피를 대접할 것을 약속드립니다.

법신불 사은님의 은혜로 원불교 이문교당 신축 불사가 마무리됩니다. 2,300여 일 동안 천일기도가 이어졌고, 정신 육신 물질로 정성을 다한 불사였습니다. 그 일이 불사佛事였기에 마음과 정성을 모을 수 있었고, 그 일이 불사였기에 성공할 수 있었습니다.

우리가 꼭 기억할 것은 우리 이문교당 교도님들만의 힘으로 이룩된 것은 아니라는 사실입니다. 많은 분의 지지와 협력, 동참이 있었기에 가능했습니다. 이문교당 신축 불사를 마무리하면서 모든 분에게 감사의 인사를 드립니다.

"감사합니다. 사랑합니다."

○ 원기107년 10월 28일

슬픔, 그리고 위로의 기도

- 2022년 10월 29일 이태원 참사에 대한 애도

눈물방울들
쏟아지는 슬픔
어찌할 수 없는 절규와 한숨과 탄식

기다림과 안타까움으로 꼬박 새운 밤

다시 떠오르는 슬픔의 바다
다시 생각하기 싫은 기억들
순수한 영혼들의 아픔과 절망

미안하다는 말 밖에….

단지 그들의 슬픔을
함께 아파하고 위로할 수밖에 없는 나약함이여.

부처님! 하나님! 법신불 사은님!
구제, 구원, 인도하소서.
헤아려 주시고 어루만져 주소서.

함께 손 모아 기도합니다.　　　　　○ 원기107년 11월 4일

마지막 편지를 부치며

마지막 편지를 씁니다.
10년 동안 이어져 온 나의 일기이자 편지.
아쉬움도 있지만, 지금이 놓아야 할 때라고 생각했습니다. 섭섭함도 있지만 시원함이 더 클 것 같습니다.

사실, 힘들었습니다.
누가 시킨 것도, 강요한 것도 아닌데 의무감이자 자신과의 약속이 저를 억눌렀습니다. 올 연말에 유종의 미를 목표로 했지만, 이 또한 집착이고 부질없는 일에 불과합니다.

지난 10년의 세월을 돌이켜 봅니다.
소박하게, 안부를 전하기 위해 시작된 편지. 많은 분의 지지와 사랑을 받았습니다. 한 번도 빠짐 없이 답장을 보내준 분들. 저에겐 이 편지를 이어가게 한 큰 힘이자 이유이기도 했습니다.

원만이의 편지는 제가 저에게 말한 독백이었고, 반성과 다짐을 독려한 참회였으며, 용기를 북돋아 준 러브레터이기도 했습니다. 누군가를 위해 쓴 편지가 아니라 저 자신을 위해서 쓴 편지였음을 고백합니다.

마지막으로 고마운 마음을 전합니다.

묵묵히 받아주는 것만으로도 지지해 주신 분들.
부족한 편지의 여백을 관심과 사랑으로 채워주신 분들.
가까이서 제 생각과 감정과 경험을 함께 공유해 주신 분들.

한 분, 한 분, 소중하고 감사한 분들뿐입니다.
이분들에게 원만이의 편지가 작으나마 위로와 희망이었길 소망합니다. 혹시, 누군가에게 이 편지가 글의 공해가 되었다면 사과드립니다.

다시, 편지를 부친다는 약속은 할 수 없습니다.
일단 저와 약속한 10년이 마무리되었습니다. 그래도 원만이의 편지가 다시 시작되는 날이 오면 반갑게 맞아주시면 감사하겠습니다.

노란 은행잎들이 살포시 떨어집니다.
아쉬움을 뒤로 하고 작별의 인사를 올립니다.

"그동안 감사했습니다."

○ 원기107년 11월 11일

원만이의 편지 _ 4

자나 깨나
쉬임 없이

초판 1쇄 인쇄	2024년 10월 1일
초판 1쇄 발행	2024년 10월 13일

지은이	박덕희
교정·교열	천지은·박정범
펴낸곳	도서출판 동남풍
펴낸이	주영삼
출판등록	제1991-000001호(1991년 5월 18일)
주소	54536 전북특별자치도 익산시 익산대로 501
전화	063)854-0784
팩스	063)852-0784
홈페이지	www.wonbook.co.kr
인쇄	문덕인쇄

ISBN 978-89-6288-057-1(03800)
값 18,000원

잘못 만들어진 책은 구입처나 본사에서 교환해 드립니다.